Walter Otero un galerista tropical

Walter Otero

una conversación con
Omar-Pascual Castillo

un galerista tropical

TURNER

Título: *Walter Otero. Un galerista tropical*
Primera edición: marzo de 2026

Diego de León, 30
28008 Madrid
www.turnerlibros.com

Editor: Omar-Pascual Castillo
Diseño: Lucía Gómez Lison

Todas las imágenes que se reproducen en este libro proceden del archivo personal de Walter Otero y de WOCA.

ISBN: 978-84-19539-22-9
DL: M-3148-2026
Impreso en España

A mi madre, Monserrate López Cancel, mi primer amor,
mi fuente de energía e inspiración.
Sabiendo poco me enseñaste mucho

A Arnaldo Roche Rabell. Señor Miyagi.
El maestro que vio talento en mí y me dio la oportunidad.
Muchas veces padre, algunas hermano, otras gran amigo

A Gabriela y Sebastián Otero.
Mi razón de hacerlo bien, de darle cada día
con más fuerza y con mucho amor

W. O.

A Antonio Zaya, nuestro *ángel de la guarda*

O. P. C.

PARTE I. El inicio

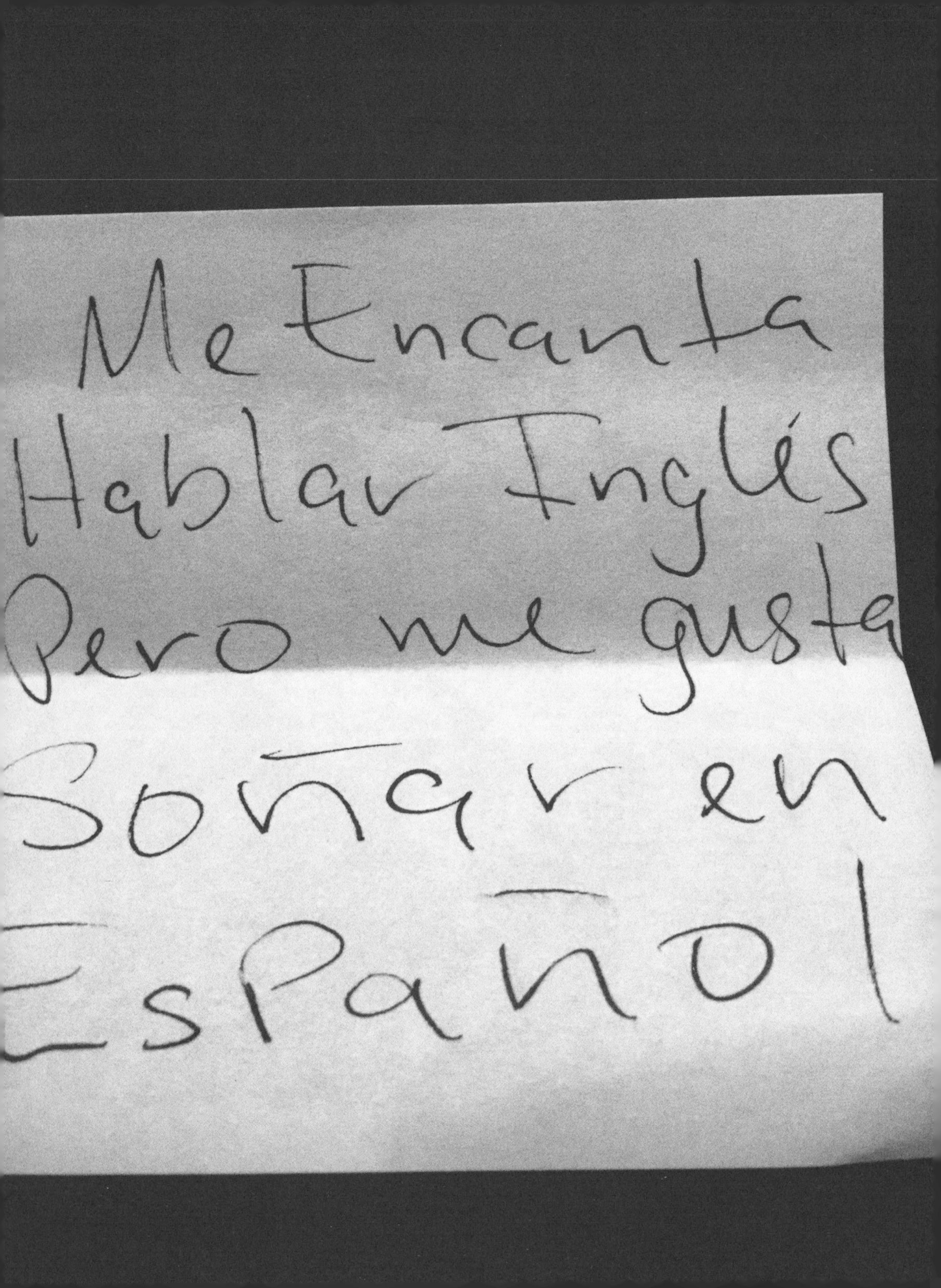
Me Encanta
Hablar Inglés
Pero me gusta
Soñar en
Español

Post de Arnaldo Roche Rabell, 2016

El nombre de Walter Otero es —al menos para quienes nos movemos en el mundo del arte en Occidente— sinónimo de éxito, pero también de trabajo y honestidad. Este galerista puertorriqueño es un hombre hecho a sí mismo: no fue apadrinado, como es habitual en este sector, por corporaciones internacionales o sociedades anónimas, sino por artistas. Y esta singularidad lo hace un caso excepcional en el circuito del arte internacional o, como mínimo, en el caribeño y latinoamericano. Pero ese estatus no lo logró de hoy para mañana, le vino como resultado de tres décadas de un trato sincero y afanado, sobre todo respetuoso, mano a mano, con aquellos con quienes ha tenido el lujo de trabajar.

Omar-Pascual Castillo. ¿Eres consciente de que acercarse a tu figura (porque eso es lo que eres: una figura pública) puede ocasionar algo de vértigo?

Walter Otero. No. Y tampoco entiendo por qué… [risas]. Soy una persona muy accesible, solo hay que intentarlo. Basta con un hola para iniciar una conversación. Claro que, a veces, si estoy muy ocupado, puedo perder u olvidar algún intento de contactarme. Especialmente considerando la cantidad de plataformas de comunicación que tenemos hoy día. En ese caso, el seguimiento es esencial.

O. P. C. Entonces, ¿hay que ser más insistentes?

W. O. Por supuesto. Quien no insiste no logra aquello que se propone. Para mí, la insistencia es positiva. Es decir, si alguien insiste, aunque sea un poco, puede que logre captar mi interés.

O. P. C. Primer consejo: insistir.

Primer consejo: insistir

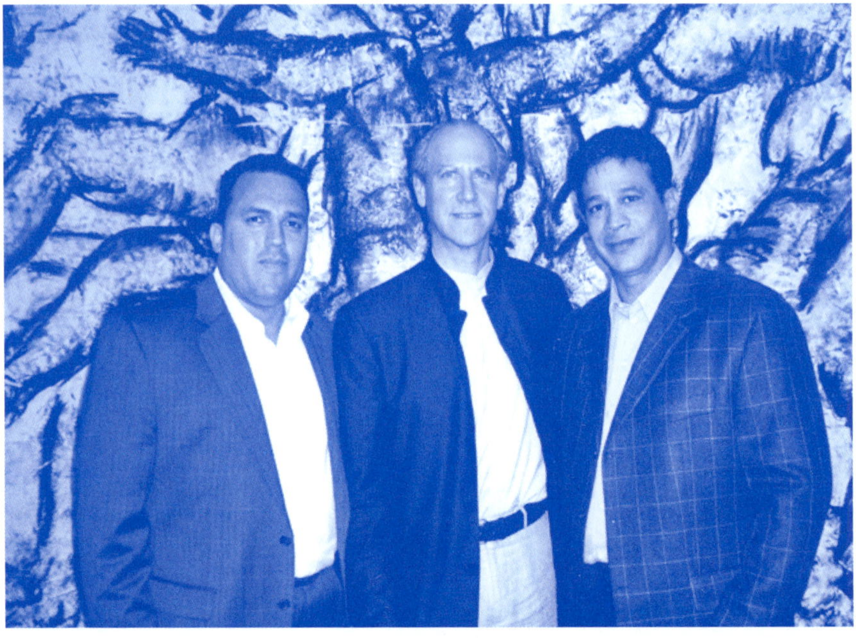
Walter Otero, Glenn Lowry (director del MoMA) y Arnaldo Roche Rabell, 2009

W. O. Insistir, de alguna manera, indica determinación, perseverancia. Y esa actitud merece mi atención, como mínimo.

O. P. C. Al igual que nos ha pasado a muchos, accediste al mundo de las artes a través del contacto con los propios artistas. Fueron ellos quienes te arrastraron a este mundo y ahora no hay quien te saque de aquí.

W. O. La verdad es que yo no me sentí arrastrado, más bien me abrieron una puerta, me invitaron a pasar y yo acepté la invitación. Mi entrada al mundo de las artes fue una chiripa, una suerte del destino. Una de esas oportunidades que pasan una sola vez en la vida.

Hacia el año 1994, un amigo me pidió que lo acompañase a una charla a la que él tenía que ir por una de sus clases. Allí hablaría Arnaldo Roche Rabell. Yo no conocía a ningún artista; esa noche y esa charla fueron mi primer contacto con las artes más allá de lo experimentado en la escuela, que tampoco fue mucho. Al finalizar la charla tuvimos la oportunidad de hablar brevemente. Pero ese día por sí solo no es trascendental. Es lo que sucede a partir de ahí lo contundente.

Y es que tiempo después lo vi en un semáforo en San Juan. Me sorprendió verlo allí y, de manera espontánea, me bajé del carro y toqué en el cristal de su auto. Él no recordaba quién era yo y le aclaré. Y al final terminamos almorzando juntos.

En ese almuerzo comentó que estaba buscando a alguien que le ayudara en su estudio. Le pregunté qué tenía que hacer esa persona. Él me respondió: «Tener iniciativa». Sin titubear, sin miedo, como si supiera en mi corazón la importancia de ese momento para mi futuro, le dije: «Si gustas, vengo el lunes y trabajo unos días gratis, a prueba, y luego me dices si funciona para ti».

Allí estuve el lunes. Él me dio los detalles del trabajo, que consistía en ayudar a crear y montarle los bastidores, transportarlos, recoger y limpiar el espacio, hacer mandados, comprar materiales (óleos, barnices y pinceles), entre otras cosas que permitían que su proceso de creación fluyera.

O. P. C. Fue Arnaldo, entonces, el verdadero culpable de que estés entre nosotros; empezaste como su asistente. Y luego pasaste a *studio manager*, ¿no?

W. O. Bueno, esa es una forma concisa de hablar de un proceso que tomó años. Llegué a ser *studio manager* tras repetir esas tareas una y otra vez, ganar maestría en realizarlas y compartir mis conocimientos y mis experiencias con los asistentes que iban llegando.

O. P. C. No, no me vale que te pongas escueto. Cuéntanos.

W. O. ¡No, qué va!, no me pongo escueto. Ese el punto de partida. Tras muchos años trabajando junto a Roche, aprendí a montar una tela, a armar un bastidor, a organizar los pinceles por clases (de aceite, de acrílico, de acuarela), a ordenar las espátulas por grosor y flexibilidad, a mezclar los óleos, a distinguir y preparar y organizar los distintos tipos de papeles: para acuarela, para dibujos… Aprendí a hacer un embalaje, a tramitar un transporte y una importación aduanera (estando en Puerto Rico, eso es casi un máster de gestión), a hacer una donación pública o a conseguir patrocinadores y mecenas.

Más allá de eso, aprendí a organizar el espacio de modo que acomodara de manera efectiva los nuevos proyectos. Con Roche los proyectos fluctuaban entre la creación de obras de gran formato y la de trabajos de formato pequeño. Y esto en periodos tan cortos como semanas. En otras palabras, una semana se trabajaba con tres obras de 8 × 8 pies y la semana entrante con veinte pinturas de 16 × 12 pulgadas. Esto requería unos procesos de logística y organización que permitieran un movimiento fluido e ininterrumpido, tanto el de Roche mientras pintaba como el de quienes le asistíamos. Había que considerar también cómo se almacenarían los nuevos trabajos. Eran muchas las consideraciones.

O. P. C. Continúa, por favor…

W. O. Con los años también hicimos un trabajo de recolección y documentación de toda la obra desperdigada en varias galerías. El sistema con el que se había trabajado hasta ese momento afectaba al cierre de tratos y a la organización de nuevos proyectos. Durante ese tiempo yo era uno de los asistentes con más tiempo de trabajo con él, y ese proceso de documentación de la obra me colocó en una posición de liderazgo y responsabilidad. Puede que ahí estuviese el punto de inflexión. A partir de esa reestructuración, Roche depositó en mí aún más confianza y empecé a administrar muchos otros aspectos de su carrera. Eso me convirtió en una especie de asistente personal, que tenía a cargo su agenda, sus billetes de vuelos, sus hospedajes, sus exposiciones… Fue entonces cuando me convertí en su *studio manager*.

O. P. C. ¿Y qué pasó entremedias? ¿Qué tal fueron tus relaciones con las galerías mientras tanto?

W. O. Todas estupendas, lo tenía claro. Mi papel era el de eterno estudiante, tenía que escuchar sus experiencias y aprender de todas ellas, me convertí en un oyente de una clase magistral constante. Mi madre me inculcó un respeto hacia los mayores que desde siempre me acompaña y que me sirvió mucho para ponerme en ese rol.

Mi primer encuentro con el mundo de las galerías fue al conocer a Maud Duquella, quien representó a Roche desde principios de los ochenta hasta el año 2000. Su figura como galerista me motivó profundamente por su elegancia y elocuencia al hablar de y con los artistas. Su trato me enseñó a tratar con ellos, siempre desde esa relación de admiración que sentía hacia todos sus artistas, conociendo cada una de sus peculiaridades. Me impactó mucho esto, ese nivel de fijarse en el mínimo detalle.

O. P. C. Segundo consejo: fijarse en los detalles.

Segundo consejo: fijarse en los detalles

W. O. *Of course*... No solo en el mundo del arte, los detalles son más importantes de lo que creemos, contienen información, comunican, dan pistas.

Pero volviendo a tu pregunta de las galerías. Además de Maud, tuve la oportunidad de conocer a otros galeristas. A mediados de los noventa, tuve el gusto de conocer al gran Georges Adams, el histórico galerista neoyorkino que representaba a Roche en la ciudad, junto con otros nombres latinoamericanos de prestigio internacional, como el mexicano Enrique Chagoya o los cubanos Luis Cruz Azaceta y José Bedia.

En Los Ángeles, en la Bienal Absolut L.A., trabajamos con Couturier Gallery, quien a su vez nos presentó a las hermanas Ana y Teresa de Iturralde Gallery. Más tarde, en Nueva York, tuve el placer de colaborar con Ramis Barquet, un galerista con una carrera sin precedentes en el contexto latinoamericano; una lástima que no pudiera mantenerse más en el tiempo. De quien guardo más gratos recuerdos, porque era un maestro natural, por su gentileza, su saber estar, su modo de dirigirse a todas las personas con las que trabajaba, es Robert Miller, el prestigioso galerista neoyorquino con quien durante años compartí representación del artista puertorriqueño nacido de padres cubanos Carlos Betancourt.

A esto le tenemos que sumar que durante ese tiempo tuvimos que viajar muchísimo. Debo mencionar que, para mí, viajar fue y sigue siendo una de las mejores herramientas para aprender y crecer en las artes. Poder ver en persona cosas que solo había visto en pequeñas imágenes de libros me impactó muchísimo y me ayudó a apreciar el arte como totalidad, como experiencia viva.

Los proyectos me llevaron a Monterrey y al DF, de México a Nueva York, a Washington, a Chicago, a Miami, a Los Ángeles y a Madrid. En estos viajes ayudaba a Roche a mover y mostrar su trabajo por galerías, museos y ferias internacionales. Todos estos acontecimientos fueron creando la conciencia y el entendimiento necesarios para estar a la altura de lo que un artista tan demandante y estructurado como Roche necesitaba. El trabajo con él tenía múltiples facetas y cada una de estas era fundamental para su desenlace. Aprendí la importancia de la organización y la preparación requeridas para este tipo de proyectos de primer nivel, de la disciplina y la anticipación durante estos y de la atención a los detalles, la reestructuración y la limpieza al finalizarlos.

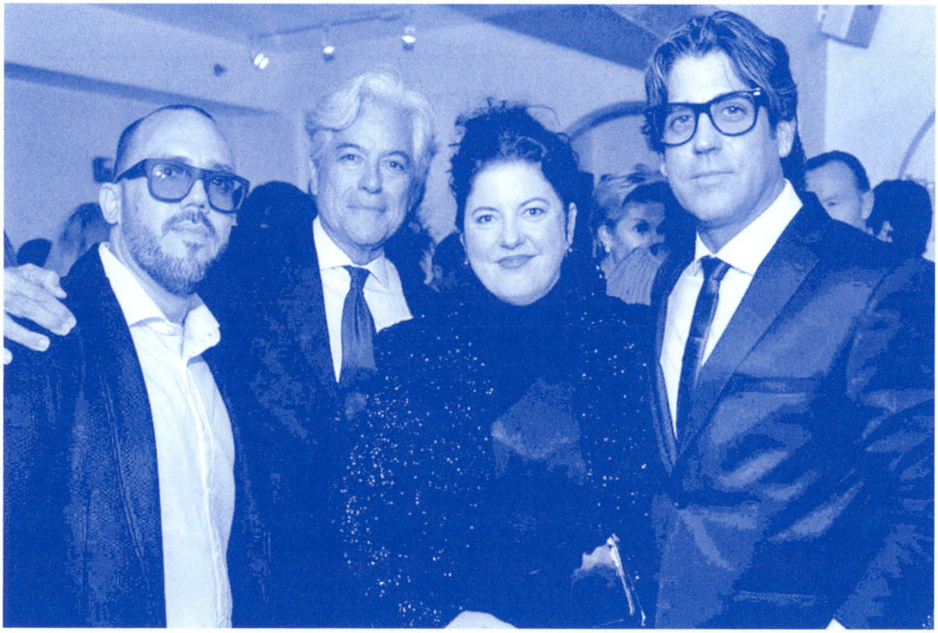

Con Carlos Betancourt y los editores de su monográfico de Rizzoli, 2012

O. P. C. Como *studio manager*, ¿no te tocó hacer de poli malo?

W. O. Por supuesto, pero con esos grandes aprendí a gestionar y comunicar sin ganarme enemistades innecesarias. Hablando se entiende la gente, dice el refrán. A fin de cuentas, en muchas ocasiones, mis trabajos como *studio manager* les estaban resolviendo algunos problemas de comunicación y organización a las galerías con las que trabajábamos. Por ejemplo, documentar las obras facilitó el almacenaje y hasta la venta de algunas de ellas, en particular, obras de gran formato. A algunas de las galerías no les encantaba el asunto de tener que hablar conmigo en lugar de hablar directamente con Roche, pero eso le quitaba a él la responsabilidad de negociar y le permitía producir más y sin distracciones.

Siempre hubo algunos a los que esta nueva forma de proceder no les gustaba del todo. Estos métodos retaban en parte la informalidad y la cultura del apretón de manos, traían consigo un carácter más vertical e inyectaban claridad y formalidad a los asuntos que por años se habían trabajado solo de palabra. Y, aclaro, no es que no crea en la palabra, pero cuando se trata de negocios es de suma importancia tener las cosas claras. Temprano en la carrera entendí que uno no sabe cuándo la persona con la que se está negociando va a olvidar algo o va a faltar y va a ser necesario trabajar con terceros que están ajenos a las estructuras y las comunicaciones.

Otro consejo: hay que tener las cosas por escrito.

Otro consejo: hay que tener las cosas por escrito

O. P. C. Aprender a controlar una consigna es determinante para nuestro trabajo. Y aprender a hacerlo desde un estudio es completamente diferente, porque siempre estás del lado del productor, léase: el artista.

W. O. Sí, claro, si no controlas tu consigna no tienes nada. Es el material con el que trabajas día a día. Y hacerlo desde el lado del artista te indica con claridad cuál es la manera correcta.

Sé que tuve mucha suerte teniendo a estos maestros y maestras como mis modelos. Por eso te decía que todo evolucionó después de muchos años de trabajo. Esa evolución fue natural, nada forzada. Roche poco a poco fue haciendo oficial responsabilidades que yo estaba fungiendo de manera extraoficial y eso hizo legítimas muchas de las gestiones que hacía yo con las galerías.

O. P. C. ¿Y cómo fue ese salto de *studio manager* a galerista, entonces?

W. O. Igual, fue un proceso paulatino, pausado, aunque he de reconocer que a veces la vida vertiginosa del arte nos dio pequeños empujoncitos y direcciones.

O. P. C. ¿Empujoncitos y direcciones? Explícate.

W. O. Oportunidades, ocasiones que te facilitan ciertas tomas de decisiones. Por ejemplo, a finales de los noventa, conocí en San Juan al curador y editor español Antonio Zaya, quien, además, era el director de la revista *Atlántica* del Centro Atlántico de Arte Moderno (CAAM), de Las Palmas de Gran

Canaria. Antonio era canario y tenía una relación muy especial con el arte latinoamericano. Él estaba curando junto con María Luisa Borràs *Caribe insular: exclusión, fragmentación y paraíso*, un proyecto que se expuso en la Casa de América de Madrid y en el MEIAC, el Museo Extremeño e Iberoamericano de Arte Contemporáneo, de Badajoz, en el año 1998, donde estuvieron algunos boricuas, como el propio Arnaldo, Dhara Rivera o Freddy Mercado. Luego, en el 2000, Antonio curó en la ciudad de San Juan *PR'00*, una especie de bienal nómada, transitoria, un modelo curatorial muy innovador que definitivamente cambió la manera de vernos a nosotros mismos. Puso en valor a un joven arte puertorriqueño, a la generación de los dosmiles, y lanzó a escala internacional a figuras como Chemi Rosado, Charles Juhász-Alvarado o Allora & Calzadilla.

Para mí, personalmente, conocer a Antonio Zaya fue de suma importancia. Él era una bendición, una «llave maestra», te apadrinaba como si te hubiese adoptado, te agarraba del brazo y te iba presentando a todo aquel con el que se cruzaba. Fue muy bueno con nosotros —con todos los puertorriqueños— nuestro querido Antonio. Tenía una relación muy especial por ser canario con todas las islas caribeñas. De hecho, un par de años antes había hecho *Cuba: siglo* XX, una muestra paradigmática que todavía se estudia.

O. P. C. Sí, fue una muestra magistral que demostró la personalidad tan generosa que él tenía. Ya me extrañaba que no me hubieses hablado de curadores o curadoras. Antonio era definitivamente una bendición. A mí también me apadrinó, le debo mucho.

W. O. De hecho, fue él quien nos presentó. Gracias a él conocí a mucha gente. Pero mis primeros contactos en el mundo del arte se los debo a Roche: en aquel trabajo de reordenamiento, control, clasificación, registro y distribución de su obra tuve mucho trato con galeristas, con coleccionistas privados y colecciones públicas, con directores y directoras de museos. Muchos de ellos me preguntaban de vez en cuando qué estaba pasando en el panorama de Puerto Rico o me preguntaban específicamente por ciertos artistas, y yo les servía de enlace sin cobrarles nada, como un favor. Un favor para ambos, para los artistas por los que preguntaban y para los coleccionistas. Esto generó ventas y oportunidades. Al poco tiempo, esos mismos artistas, muchos colegas y amigos de Roche, me pedían que trabajase con ellos como *dealers freelance* o como galerista. Esas solicitudes llegaron a su cúspide cuando trabajamos *Fraternos*.

O. P. C. Háblame de esa exhibición.

W. O. *Fraternos* fue importante porque se convirtió en un *blockbuster* en Puerto Rico. En esos tiempos, finales de los noventa y principios de los dos mil, se hablaba muchísimo, tanto en el mundo como en Puerto Rico, de que la pintura estaba muerta. En medio de ese escenario llega esta exhibición, cien por ciento pinturas, y se convierte en este monumental evento. Cientos y cientos de personas fueron esa noche a la apertura. De hecho, la congestión vehicular fue una sin precedentes. Fue la primera vez que a una exhibición se le daba esa cobertura en prensa en Puerto Rico. También fue la primera vez que una exhibición contaba con *billboards* de promoción.

Reinaban los *banners* por doquier. Fueron inmediatas las preguntas del público sobre quiénes estaban detrás de la organización del evento.

Pues quien estaba allí era yo. Organicé un equipo de trabajo formado por Georgina Vega, publicistas, instaladores, además de un arquitecto importante para el diseño de sala, Luis Gutiérrez. En fin, preparé un equipo de profesionales comprometidos que catapultaron el impacto de la exhibición.

La voz se regó, y ahí fue cuando mi nombre empezó a tener peso dentro del mundo de las artes, no como el asistente de Roche, sino como la persona a cargo de la producción de ese magno evento.

Por la gran acogida que tuvo la exhibición, don Ricardo Alegría, director del Instituto de Cultura Puertorriqueño y responsable de que pudiéramos exhibir en el Museo de las Américas, pidió que la extendiéramos y estuvo allí seis meses. Después de allí, el Museo de Ponce nos pidió presentarla en sus facilidades y estuvo allí otros varios meses.

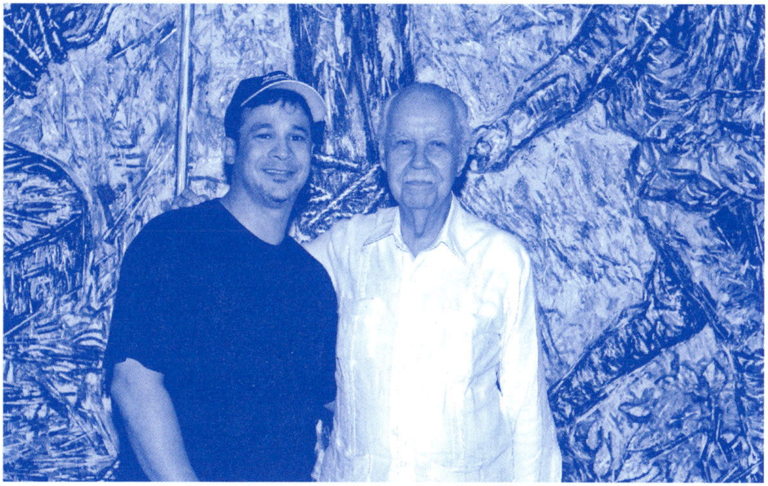

Arnaldo Roche Rabell y don Ricardo Alegría, 2001

Y surgieron más oportunidades. *ArtNexus*, en ese momento una de las revistas de arte más importantes a nivel hispano latinoamericano, nos pidió un artículo sobre la exhibición. Nos dieron una lista de varios nombres de personas que podían escribir. Entre ellos estaba Agustín Arteaga. Yo identifiqué que él había trabajado con Roche en el 1995 en el Museo de Arte Moderno, así que lo seleccioné como el escritor del artículo. Lo invitamos a Puerto Rico y yo me encargué de coordinar su hotel, sus pasajes y todo lo necesario para traerlo. Y Agustín escribió sobre *Fraternos* en *ArtNexus*. Todo eso ayudó a llevar a la exhibición a un contexto más internacional y le dio más solidez. Pero pasó algo más, y es que de ahí se da que Agustín Arteaga terminara luego trabajando con el Museo de Ponce.

O. P. C. Parece que fue una de esas situaciones en las que todas las estrellas se alinean, aunque uno no esté haciendo nada especial para que se alineen.

W. O. Más o menos. O uno cree que no está haciendo nada para que se alineen y resulta que sí.

O. P. C. Eso me encaja más.

W. O. Por otro lado, a Roche no le gustaba mucho estar presentándose públicamente ni los asuntos de estar por ahí negociando o trabajando en planificaciones que no fueran las de la creación en el taller, así que el que estaba dando cara era yo. Y *Fraternos* fue definitivamente el detonante para que los artistas se acercaran sin reservas y me dijeran: «Yo quiero que tú me representes». Me lo decían incluso al frente de Roche, y fue él mismo quien me empezó a motivar para hacerlo. Él me dio el empujón final.

O. P. C. Arnaldo, grande que era... Insistió en que continuaras con tus estudios, ¿no?

W. O. ¡Oh, sí! Casi me lo ordenó. Para él la formación de toda la gente que le rodeaba era prioritaria. Ajustamos mis horarios para no faltar a clases. Era un hombre extremadamente generoso. Y todo lo relativo a la educación lo consideraba muchísimo. Esa fue una de sus primeras enseñanzas.

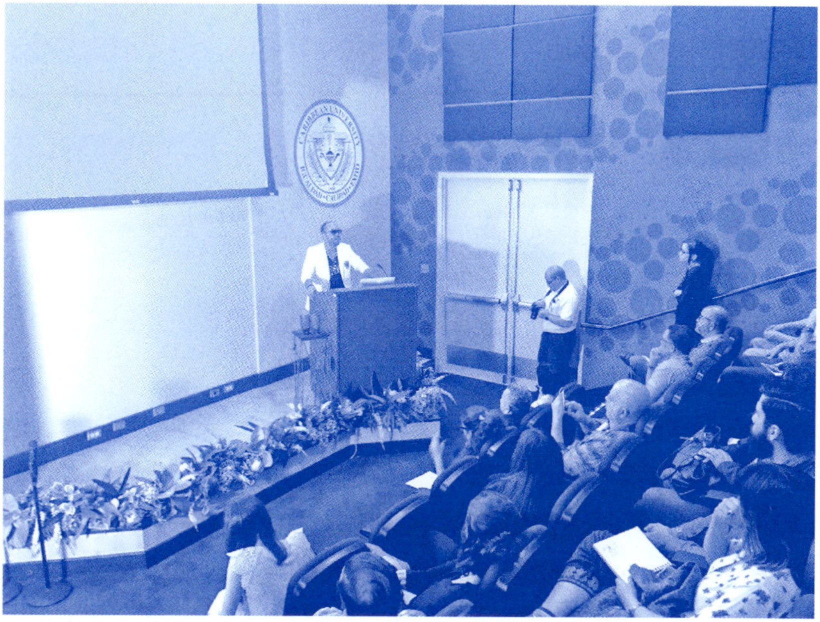

Charla en Caribbean University, Puerto Rico, 2017

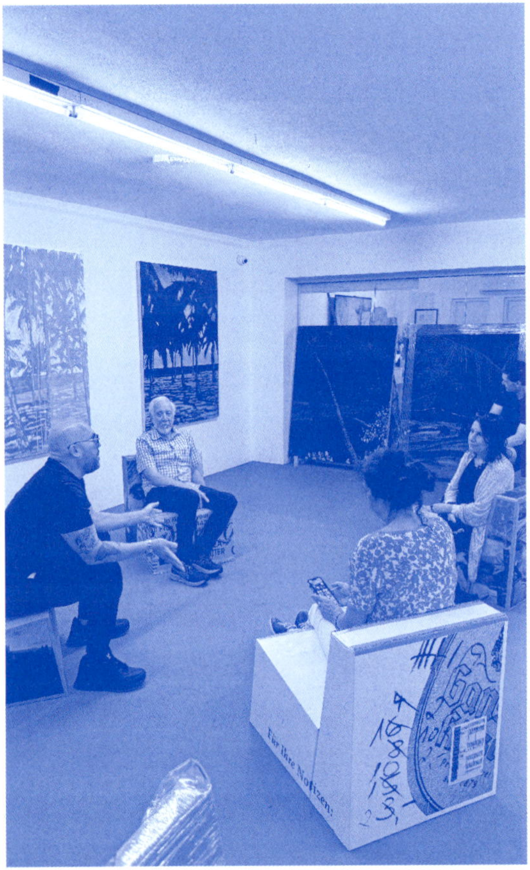

Con la Asociación de Tasadores Americanos de Arte, WOCA, San Juan, 2025

O. P. C. Y tú, que compartes esa devoción por la educación, has tomado su testigo. Siempre estás apoyando a las nuevas generaciones de artistas y dando charlas a estudiantes.

W. O. Sí, desde Walter Otero Contemporary Art (WOCA) llevamos años desarrollando un programa didáctico para concienciar sobre la importancia cultural del arte contemporáneo. Lo implementamos tanto en escuelas secundarias y de bachillerato de Arte como en escuelas de negocio y en clubs de empresarios o financieros. Porque la finalidad es doble: por supuesto, motivar e inspirar a jóvenes estudiantes, pero también asegurarnos de que el arte contemporáneo siga teniendo un público.

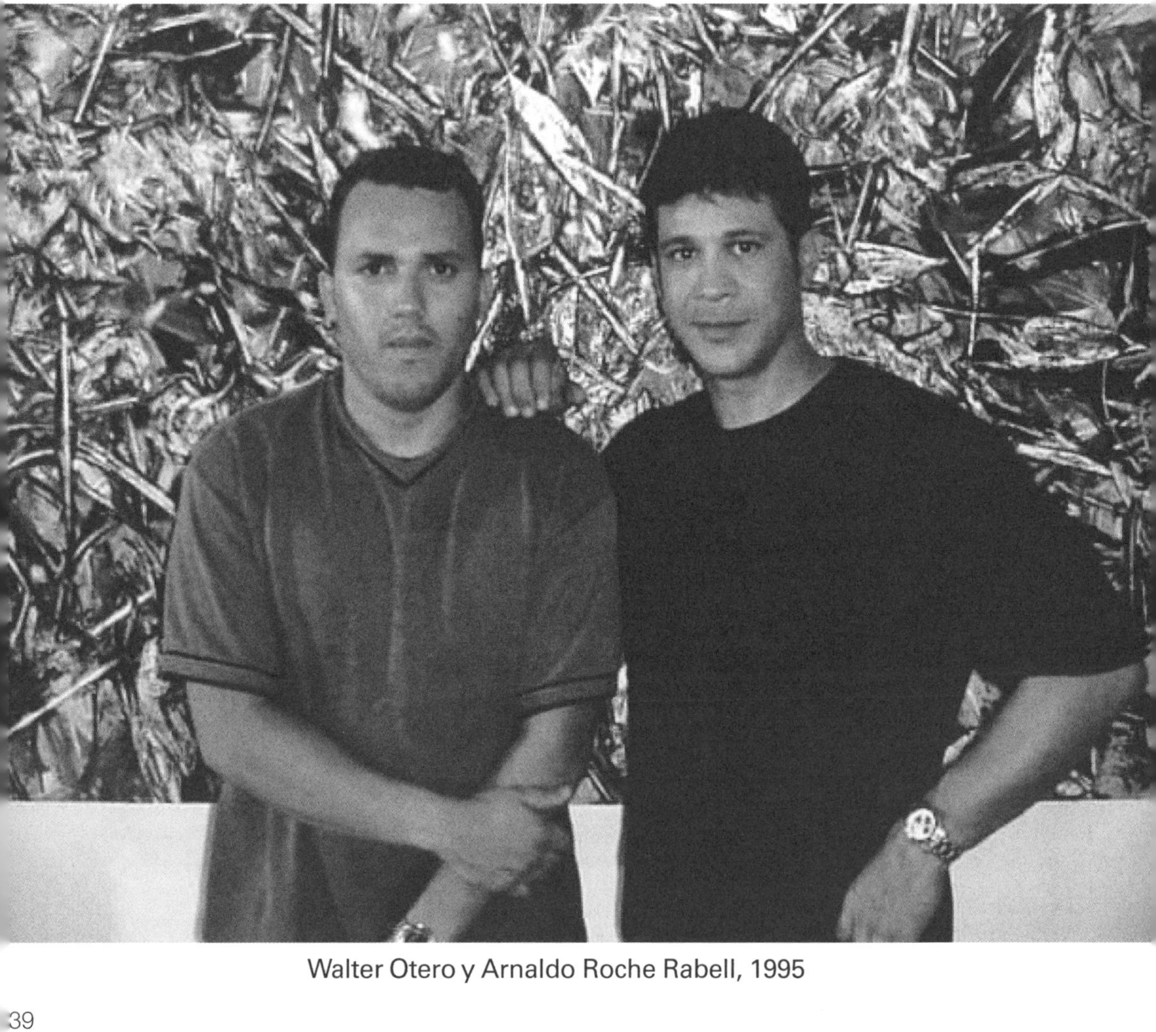

Walter Otero y Arnaldo Roche Rabell, 1995

PARTE II. La galería

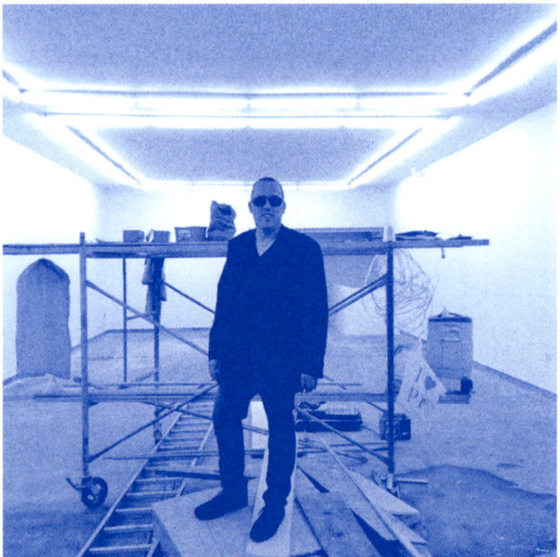

Nueva sede de la galería WOCA en construcción, 2012

O. P. C. ¿Es entonces cuando decides abrir tu propia galería?

W. O. Sí, era lo que tocaba, era obvio que debía ser el próximo paso que naturalmente tendría que dar. Había terminado mis estudios. Conocía el mundo del arte desde la perspectiva de un estudio de un artista internacional y también conocía a mucha gente: coleccionistas, galeristas, curadores, museólogos y, sobre todo, artistas. Sin dudas, las personas adecuadas.

Arnaldo lo había visto. Llevaba años observando lo bien que me desenvolvía en el mercado del arte, esa parte del universo del arte que a él se le hacía algo incomprensible. Había delegado en mí todo lo relativo al mercadeo y ciertamente logramos que su obra se ajustase, equilibrando precios, estandarizándolos, arreglando contratos de comisiones y encargos, coordinando entregas y exhibiéndola en museos e instituciones públicas.

Me dijo que lo que era bueno para él, como artista, debería ser bueno para otros artistas. Dijo que era normal que algunos colegas y amigos artistas quisieran que yo los representase, muy en especial después del monumental éxito de *Fraternos* en San Juan. Ellos eran testigos de todas las cosas que se estaban logrando en la carrera de Roche en menos de una década de trabajo juntos.

Me preguntó que por qué dudaba y que si me faltaba algo. Le respondí: «Yo estoy cómodo como estoy, estoy creciendo contigo y hay muchas responsabilidades y planes». A lo que respondió: «A Puerto Rico no le vendría mal un galerista como tú».

Se volteó hacia una pintura de gran formato que estaba embalada y recostada sobre una de las paredes de su estudio, esperando a que la recogiesen y la entregasen a un coleccionista. Y me dijo señalándola: «Esa ya está vendida,

¿verdad?». Asentí con la cabeza. «Pues bien, mi parte, mi 50 %, te la doy. Considéralo un regalo por todo lo que has hecho por mí. Ahora monta la galería. Y ya verás que va a ser bueno para todos».

O. P. C. Ya no tenías excusas.

W. O. Efectivamente, era lo que nos tocaba, sin duda alguna.

O. P. C. Bueno, Arnaldo no se equivocó al apostar por ti, ha sido bueno para todos…

W. O. No todo el campo es orégano, también hay ortigas con espinas, pero no nos quejamos. Abrimos iniciando temporada en otoño del 2004 con una muestra colectiva inaugural en la que exhibimos obras de Arnaldo Roche Rabell, Víctor Vázquez, Carlos Betancourt, Luis Vidal y Tatiana Parcero.

O. P. C. Posicionándote como una galería internacional desde tus inicios.

W. O. Sí, internacional en el sentido de la representación de artistas. Pero para ser parte de esa selecta comunidad aún faltaba desarrollar algunos aspectos.

La idea era trabajar mirando hacia nuestro arte (hacia adentro) y hacia nuestro tiempo (hacia fuera). Como es el propio carisma del boricua. Los isleños somos personas abiertas y buenos anfitriones. De eso se trató desde el inicio.

Y entonces volvió a aparecer en nuestras vidas nuestro ángel de la guarda, el señor Zaya. Él estaba curando los

Project Rooms sobre Arte Latinoamericano del 25 aniversario de la feria madrileña ARCO, y nos invitó como galería emergente. ARCO es una de las ferias más importantes de Europa y, debido a las lenguas compartidas, el español y el portugués, muy relevante para el arte latinoamericano. Antonio nos propuso ir con un dúo: Arnaldo Roche Rabell y Víctor Vázquez. Otro empujoncito.

Esa fue nuestra puesta de largo, nuestra primera presentación allende los mares del Caribe.

O. P. C. ¿Fue cuando te anunciaste en todas las revistas especializadas en arte? Yo vi algunos de esos anuncios.

W. O. Sí, era una oportunidad única que teníamos que aprovechar. Entrar a una plataforma internacional como ARCO fue un logro que merecía la pena anunciar, así que nos gastamos todos nuestros ahorros y ganancias de la primera muestra en publicitarnos *full-page* en muchísimos medios: *Artforum, Art in America*, *ARTnews*, *Modern Painters*, *ArtNexus*, *Arte al Día*, *art.es*, *Whitewall*, *Southward Art* y *Lápiz.* Aparecimos tanto en las revistas físicas como en sus recientes homólogas digitales.

O. P. C. Muchos se preguntaron quién era esa nueva galería boricua.

W. O. Te reconozco que algunos conocidos nos lo criticaron, pero estaba todo estudiado. Ese *boom* publicitario nos dio un nombre, nos puso en el mapa, hasta tal punto que todavía mantenemos relaciones que se iniciaron gracias a esa campaña.

O. P. C. Yo te confieso que ya tenía algunas noticias sobre ti por Antonio.

W. O. ¿Por eso te trajo directamente a vernos en la feria?

O. P. C. Sí, quedamos en que nos veríamos cuando entrase a la feria y, en cuanto nos vimos, me llevó directo a verte. Estaba muy interesado en que nos conociéramos.

W. O. A mí me habló de ti como el joven curador cubano de la primera muestra retrospectiva del maestro José Bedia en España, a quien me quería presentar. Y así lo hizo.

O. P. C. Veinte años hace desde ese primer encuentro. Me dijiste: «Cuenta conmigo para lo que sea para echar a andar una muestra de Arnaldo en Europa. Y estás invitado cuando quieras a Puerto Rico. Si quieres conocer a Roche o a otro artista boricua, estás invitado. Solo tienes que llamarme». Y me diste tu tarjeta. Lo recuerdo como si fuera hoy. Ese año fue espléndido para ti, realmente.

W. O. Sí, el año 2005 fue maravilloso, tuvimos un arranque espectacular. ARCO fue un éxito. Y en la feria me encontré con el curador español Paco Barragán, que estaba organizando el II Certamen Internacional de Pintura de Castellón, con un premio muy bien dotado, sesenta mil euros. Además, El Espai d'Art Contemporani de Castellón organizaba una exposición con las obras seleccionadas por el jurado. Para esto coordinamos la participación y selección de la obra *Wonderland* del artista boricua Melvin Martínez, al cual representaba. ¡Y para mi orgullo

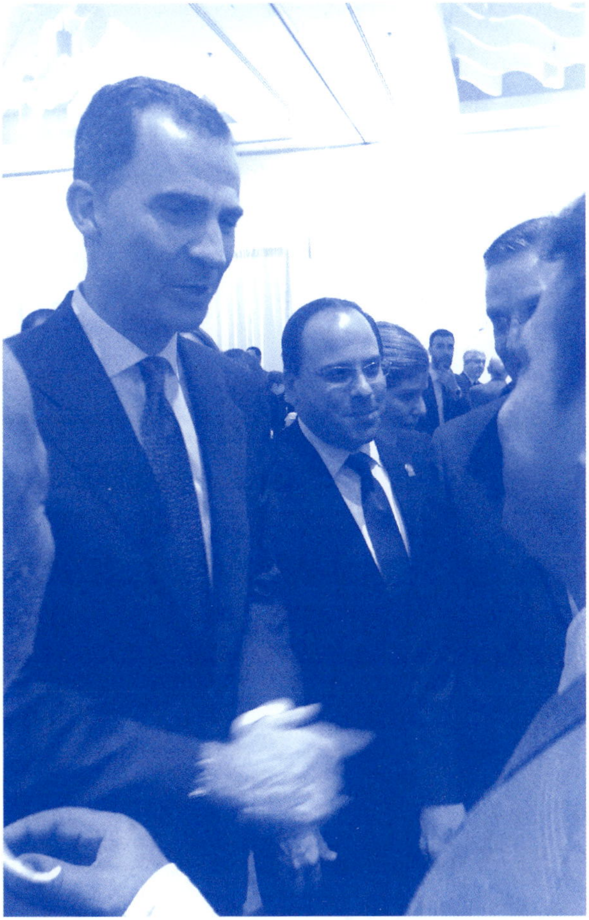

Encuentro en una cena por la visita del rey Felipe a Puerto Rico, 2016

y orgullo de los puertorriqueños ganó! Esto era importante para la galería porque él era el primer joven artista que yo comenzaba a mover internacionalmente.

O. P. C. Melvin ganó, además, con un jurado impecable… ¿Lo recuerdas?

W. O. ¡Claro que sí! Recuerdo que estaba Barry…

O. P. C. Estaban Barry Schwabsky, Javier Panera, Ray Smith y la directora de *Modern Painters*, que ahora mismo no recuerdo su nombre. Un jurado de primerísimo nivel.

W. O. Era Karen Wright la directora de *MP*, una excelente colega. Para Melvin fue un pelotazo que lo puso en las nubes. Tanto que ese fue el punto de partida en las negociaciones con galerías como Diana Lowenstein y, dos años más tarde, con la prestigiosa Yvon Lambert Gallery, con sedes en Nueva York, Londres y París.

Además, en el 2005, ese mismo año, Arnaldo Roche comenzó a trabajar en sus pinturas azules, una serie de obras que marcaron un momento profundamente significativo por su intensidad poética.

O. P. C. Cuatro años después de iniciar la serie, en 2009, nació la muestra *Azul*, curada por la maestra Liliana Ramos-Collado en el MAC de San Juan. Una muestra histórica, un antes y un después en el quehacer de Roche. Y ese año, el 2005, ¿hiciste a Luis González Palma su pabellón de Venecia?

W. O. No hice Venecia, la exhibición que hizo en Venecia la trajimos a Puerto Rico.

Logramos traernos a Puerto Rico el proyecto completo del Pabellón de Guatemala de Venecia, bajo el título de *La luz de la mente*. Era un conjunto de cajas de luces intervenidas a mano con pan de oro y emulsiones. En estas piezas el dorado era el dominante. González Palma las había producido expresamente para la Bienal. Cuando lo vi, me dije a mí mismo: «Esto tengo que llevarlo a mi isla». Y así lo hicimos.

Es algo de lo que estoy muy orgulloso. Luis es un maestro de la fotografía latinoamericana. Un hombre muy meticuloso en su trabajo, pero también de un trato muy elegante. Así como es su obra de elegante, así es él mismo. Un ser grande, González Palma. Con él todo fueron facilidades.

O. P. C. Eres famoso por tu capacidad de combinar arte emergente con históricos.

W. O. No creo que eso sea una capacidad, es más bien una visión de equilibrio compensado que me interesa. Y no son tan históricos, son más bien artistas *mid-career* muy consolidados. Mas allá, trabajar con artistas establecidos en conjunto con artistas jóvenes favorece nuevas lecturas, da credibilidad… Ayuda a los que están comenzando y presenta a los más establecidos a una audiencia más amplia.

O. P. C. Eso es cierto, los eternos huérfanos *mid-career* siempre te han interesado. Puede que tenga que ver con tu respeto hacia los maestros y tu mirada más empresarial hacia las nuevas promesas.

W. O. Sin duda alguna. Haberme formado con Roche me ha hecho respetar la maestría como un don que hay que cuidar, y aprender que a los emergentes hay que apoyarlos, no solo como inversión, sino como apuesta gratuita. Apoyar a quien hace arte y cultura, como decía Arnaldo, siempre será bueno para todos. Por ejemplo: esa muestra de Luis González Palma nos ayudó mucho. Gracias a ella pudimos armarle una exhibición de obra inédita en San Juan a la fotógrafa mexicana Tatiana Parcero que fue otro éxito rotundo. Recuerdo que para esos tiempos recién se publicaba uno de los más importantes libros de fotografía latinoamericana, *Mapas abiertos*, y la cubierta llevaba la obra de Tatiana.

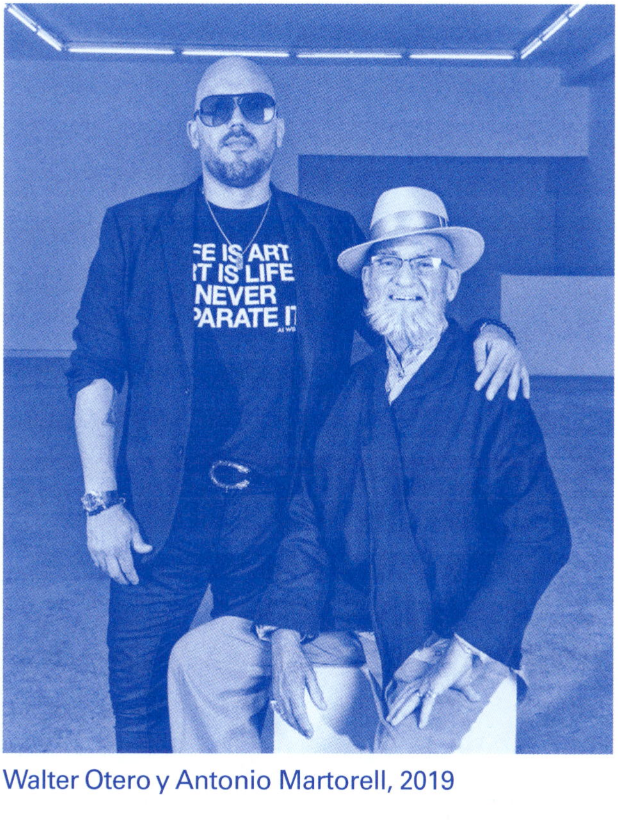

Walter Otero y Antonio Martorell, 2019

O. P. C. ¿Fueron esos éxitos los que abrieron un mercado de fotografía artística en Puerto Rico?

W. O. Sí, pero no solo. De por sí ya había un par de coleccionistas boricuas interesados que coleccionaban fotografía internacional. Este *boom* los legitimó y abrió paso a que pudiéramos trabajar con más fotografía.

Recuerda que trabajábamos desde hacía un par de años apoyando la carrera del maestro puertorriqueño Víctor Vázquez. Lo llevamos a ARCO como carta de presentación de nuestra galería. Ese *stand* estaba claramente pensado como un diálogo entre dos maestros: uno en el lenguaje pictórico y otro en el lenguaje fotográfico. Víctor había sido incluido en importantes e históricas muestras colectivas sobre fotografía latinoamericana y había sido invitado a participar en festivales como FOTOSEPTIEMBRE (México), FotoFest (Houston) o PHotoESPAÑA (Madrid). Tenía sentido que el artista que dialogase con Roche fuese otro artista puertorriqueño con una carrera internacional.

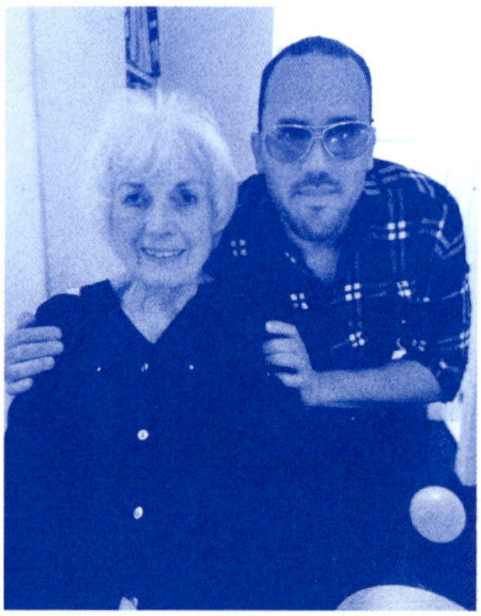

Bunny Yeager y Walter Otero, 2012

Por otro lado, uno como galerista tiene que estar al tanto de las tendencias globales del mercado. La resaca del *boom* de la fotografía de los años noventa había abierto una puerta a artistas latinoamericanos de la imagen que comenzaron a moverse a nivel global.

¿Te acuerdas de que te dije que aquella campaña publicitaria nos puso en el mapa?

O. P. C. Sí, claro.

W. O. Pues nos ayudó muchísimo a crear más conexiones, abrir puertas y facilitar comunicaciones. De hecho, te tengo una anécdota al respecto conectada a la fotografía.

O. P. C. Cuéntame…

W. O. Para esos tiempos, una colección a la cual estaba asesorando logró comprar en subasta la icónica pieza de Andrés Serrano *Piss Christ*. Esa pieza fue importantísima en negociaciones y fue la llave para nuestras primeras conversaciones con Paula Cooper e Yvon Lambert, que por aquellos tiempos representaban a Andrés Serrano en Estados Unidos y en Francia, respectivamente. Sabiendo que tendríamos en la isla una pieza del pedigrí de *Piss Christ*, decidimos realizar una exhibición de Serrano. Así que, con una nueva meta en mente, me dispuse a hablar primero con Paula Cooper.

Nuestra primera comunicación con ellos se dio como si hubiéramos estado trabajando por años juntos. De hecho, mis primeras conversaciones fueron directamente con

Paula Cooper, quien con amabilidad y profesionalismo me trató como colega.

O. P. C. ¿Y qué te dijo?

W. O. Algo así como: «Hola, Walter, un gusto conocer al joven galerista puertorriqueño. ¿Qué necesitas? ¿En qué te puedo servir?». ¡Los anuncios estaban dando resultado! Le conté del interés en realizar el *show* y, de paso, también en adquirir obras de Serrano para mis coleccionistas. «A Andrés seguro le haría ilusión, ¿sabes que no tiene galería latinoamericana?». Me pasó su número. Y en menos de dos años de abiertos, en marzo de 2006, WOCA fue la primera galería latinoamericana que presentó en exclusiva una muestra del respetado y controversial artista.

O. P. C. Esa expo fue otro bombazo, he visto las fotos. Andrés siempre es provocativo.

W. O. Si no, no sería Andrés Serrano. Claro que fue provocativo, exhibimos una de las piezas más impactantes de la historia del arte, *Piss Christ* (del año 1987). La exposición fue un evento muy mediático que atrajo a una gran cantidad de público. La muestra fue cubierta por varias revistas, las cuales le dieron sus portadas a Serrano y su obra. Sin dudas, este fue otro empujón importante.

O. P. C. Y luego lo vendiste todo.

W. O. Casi la trajimos vendida, realmente eran pocas piezas, menos de diez. No podíamos arriesgarnos. Fuimos sobre seguro. Mucho más sabiendo que causaría algunas controversias. Fue descrita en algunos medios como un verdadero *happening*, una celebración de la transgresión en un contexto cultural conservador. La exposición no solo desafió los límites del arte y la censura, sino que también ofreció a la comunidad puertorriqueña una oportunidad única de confrontar y dialogar con obras que exploran temas como la religión, la identidad y la marginalidad.

O. P. C. Y todo esto a partir de unas conversaciones con Paula Cooper. ¿A que muchas veces la gente no calcula la importancia de una llamada telefónica?

W. O. Una llamada puede arruinar una negociación o destrabarla y solucionarla. Y siempre establece un vínculo mucho más humano que WhatsApp, por ejemplo. Porque a través de una llamada puedes notar el timbre y el tono de la voz de tu interlocutor, si es seguro, si es tembloroso, si está tranquilo o todo lo contrario.

O. P. C. Próximo consejo: haz esa llamada.

W. O. Hablando se entiende la gente.

O. P. C. Poco más tarde te involucraste en la traída de la muestra de los Rubell al recién creado Museo de Arte de Puerto Rico (MAPR), ¿no?

W. O. El museo se creó en el año 2000. Teníamos que seguir apoyándolo. Por eso, entre mayo y junio del 2006, colaboramos

Próximo consejo: haz esa llamada

para traer la exposición *Memorials of Identity*, la primera muestra de la Rubell Collection en la isla. Aquello trajo como consecuencia grandes colaboraciones y esta prestigiosa colección acogió obras de artistas puertorriqueños.

O. P. C. En esos años se creó CIRCA, ¿no?

W. O. Sí, la primera feria puertorriqueña. Ayudamos mucho a que funcionara desde el comienzo. Formé parte del comité fundador y del comité de selección, y en una de las ediciones de la feria exhibimos obras de Andrés Serrano y presentamos su publicación *America and other Work*, editada por Taschen.

O. P. C. Veinte años antes de que fuese el representante de Estados Unidos en Venecia.

W. O. Personalmente, creo que han tardado mucho en darle ese pabellón.

O. P. C. Puede que sí, que hayan tardado mucho. Tengo entendido que sí te implicaste con Allora & Calzadilla en las dos ediciones de Venecia en las que han participado.

W. O. A veces, como en este caso, uno tiene que desprejuiciarse de los impedimentos profesionales y, siendo respetuoso con los compromisos contractuales de los artistas, ayudarles, porque no solo será bueno para ellos, sino para el país. Si dos artistas boricuas iban a participar en Venecia, si necesitaban ayuda para producir sus piezas, había que

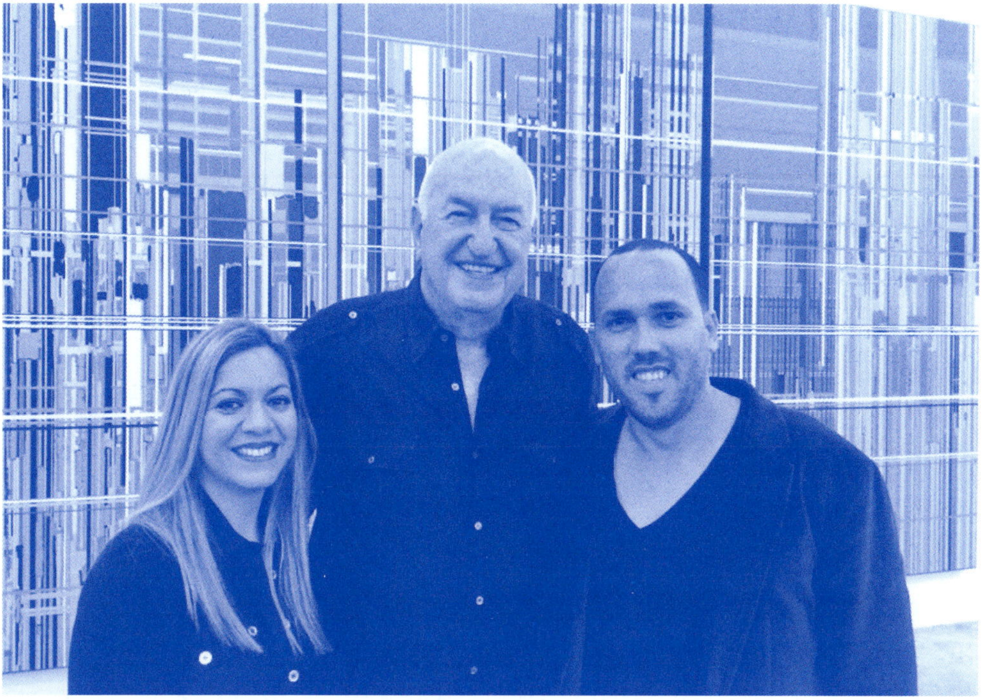

Walter Otero, Lariza Vázquez y Don Rubell, 2006

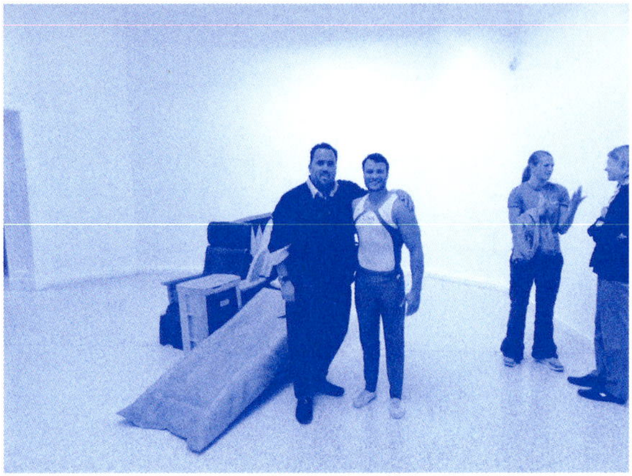

Visitando *Gloria*, en el Pabellón de Estados Unidos en Venecia, de Allora & Calzadilla, 2011

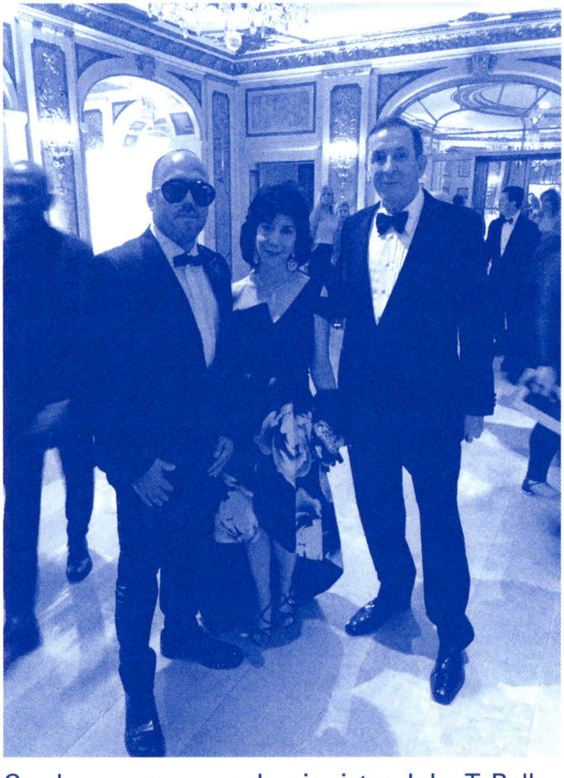

Con los mecenas y coleccionistas John T. Belk y Margarita Serapión en la gala del Museo del Barrio, Nueva York, 2020

ayudarlos, aunque trabajasen con kurimanzutto en Ciudad de México, Barbara Gladstone en Nueva York, Lisson en Londres y Chantal Crousel en París.

O. P. C. Boricuas adoptados, por cierto.

W. O. Sí, somos así, adoptamos a los que llegan. Guillermo es cubano y Jennifer de Filadelfia, pero los dos viven y trabajan en Puerto Rico desde hace décadas, se sienten boricuas y trabajan conceptualmente en muchos casos desde el contexto puertorriqueño.

O. P. C. Aunque no los representases, ¿los ayudaste a conseguir los fondos que necesitaban para sus macroproducciones bienaleras?

W. O. No veía por qué no hacerlo. Tenía sentido y lo hice. Y lo volvería a hacer.

Desde que colaboraron con M&M Proyectos siempre estuve directa e indirectamente ayudando. Claro está, gracias al acercamiento por parte de los mecenas de muchos artistas, y posiblemente los mayores coleccionistas de obra de Allora & Calzadilla, John Belk y Margarita Serapión. Dueños, por cierto, de la obra más famosa de Arnaldo, *You Have to Dream in Blue*. Ellos tuvieron la iniciativa de hacer un grupo de coleccionistas para levantar fondos para ayudarlos a generar proyectos que no fueran necesariamente comerciales. Entre los participantes de este grupo estaban ellos, Chilo Andreu, yo y varios otros.

Por ejemplo, la primera participación de ellos en la Bienal de Venecia fue con la pieza *Hope Hippo*. Era una obra costosa de producir, se trataba de un hipopótamo creado con lodo tomado de los canales de Venecia. Para recaudar los fondos que costeasen el proyecto, se crearon dibujos de la pieza que fueron comprados entre los participantes del grupo.

Así como este proyecto contribuimos a varios otros. La razón para apoyarlos recae en que, aunque no hubiera ganancias o remuneraciones económicas, el prestigio que ellos y otros como ellos le dan a Puerto Rico tiene un impacto muy significativo para todo el mundo del arte nuestro. Y esto, sin dudas, tuvo repercusiones muy positivas en las gestiones que estaba realizando en aquellos tiempos. Recuerda: el coleccionismo puertorriqueño a finales de los noventa e inicios de los dosmiles se hizo muy fuerte, con mucha presencia internacional.

O. P. C. En parte gracias a ti.

W. O. En parte gracias a las gestiones de Maud Duquella, a Michy Marxuach y a su experimental M&M Proyectos, al selecto grupo de coleccionistas que ya habían creado nexos con galerías y coleccionistas internacionales. CIRCA fue crucial. Y, sin dudas, gracias a la enorme aportación de artistas como Rafael Ferrer, Pepón Osorio, Arnaldo Roche y, aunque poco reconocidas y poco documentadas en aquellos momentos, figuras como Olga Albizu, quien, de la mano de Hans Hoffmann, se desempeñaba y se destacaba en Estados Unidos.

Todo esto ayudó con esa extensión y con la percepción de que somos internacionales.

Para la construcción de una «internacionalidad» era y sigue siendo importante que estuviesen involucradas varias

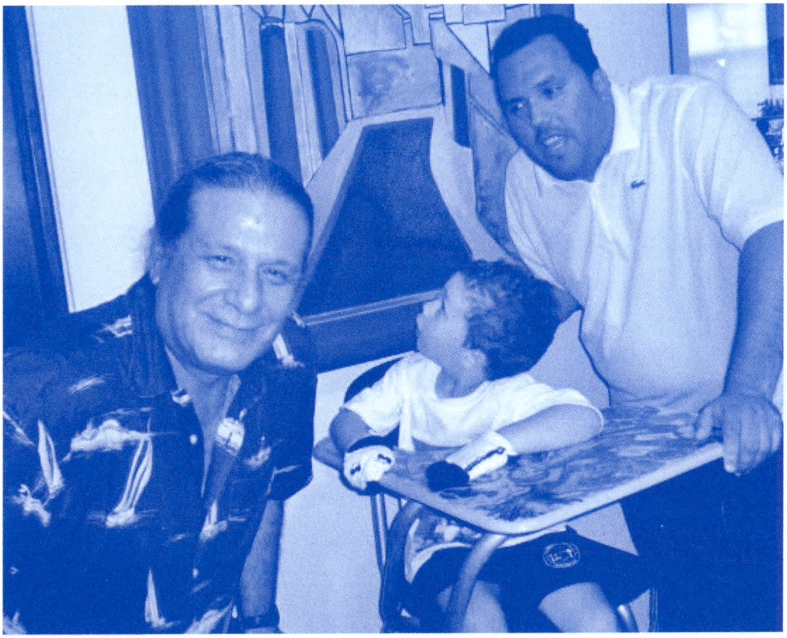

José Chilo Andreu y Walter Otero con el hijo de este, Sebastián, 2007

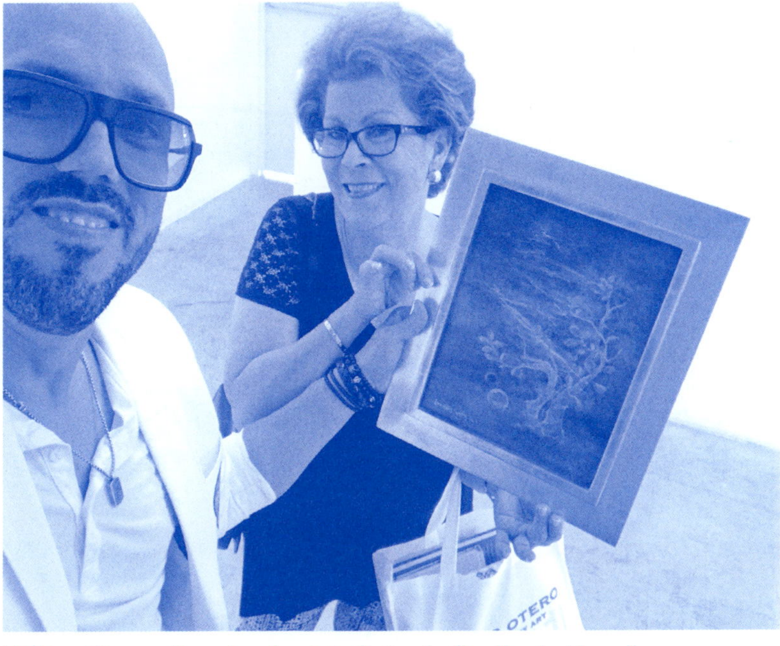

Walter Otero y la coleccionista Antonia Coello de Novello mostrando un cuadro de Leonora Carrington, 2018

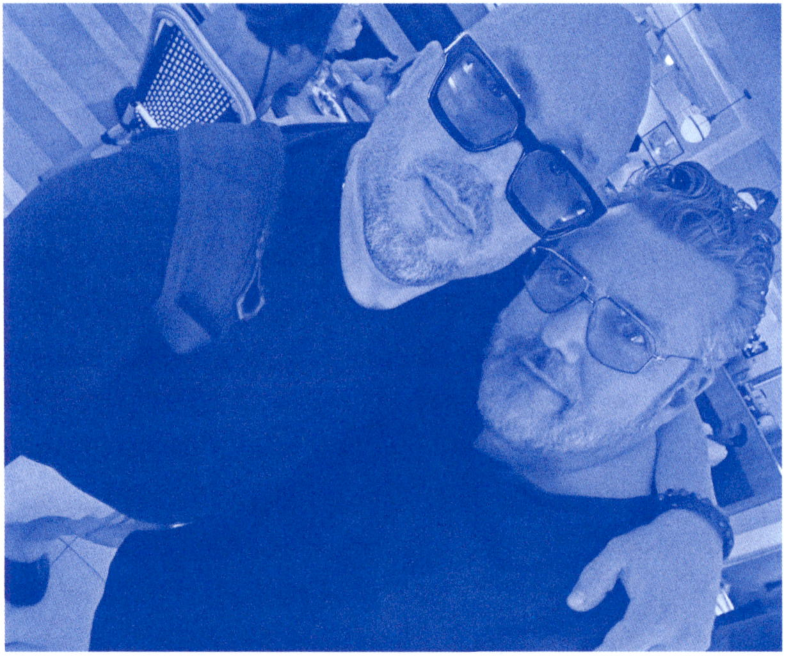

Walter Otero junto a Wilfredo Rosado, joyero, colaborador de Armani y de Andy Warhol y coleccionista, 2023

entidades que cubriesen y aportasen en distintas áreas. M&M Proyectos estaba contribuyendo con el empuje de artistas más conceptuales y con el desarrollo de importantes iniciativas colectivas que unieron a curadores, artistas y coleccionistas; fue un fenómeno nunca antes visto en la isla y que nos resaltó internacionalmente. CIRCA estaba logrando que los ojos de galerías comerciales del mundo vieran a Puerto Rico como un nicho importante del mercado del arte contemporáneo.

Y, en cuanto a mi gestión, era y sigue siendo mi misión servir y crear plataformas para que artistas puertorriqueños, muchas veces invisibles en los mercados externos, pudieran establecerse y ganar su espacio en la historia y en dicho mercado. De igual manera, lo opuesto era muy relevante. Traer a la isla más presencia y representación de figuras importantes de las artes ampliaba la oferta a nivel local y, al ponerlos en contraste con lo creado a nivel nacional, confirmaba para nosotros y para el mundo el valor de lo aquí creado.

Nuestras metas y estrategias para los mercados locales e internacionales probaron ser efectivas y el crecimiento se fue dando de manera sostenida. Más contactos y relaciones con artistas, galerías, curadores y coleccionistas se fueron desarrollando y el espacio se nos empezó a hacer pequeño.

En 2013, luego de luchar con las limitaciones geográficas y sociopolíticas que representa tener una galería en una isla en el Caribe, nos mudamos e inauguramos un segundo espacio. Resalto las limitaciones porque es precisamente resolviendo y trabajando con estas como se da el aprendizaje y se crea la estructura que nos permitió sobrevivir y posicionarnos.

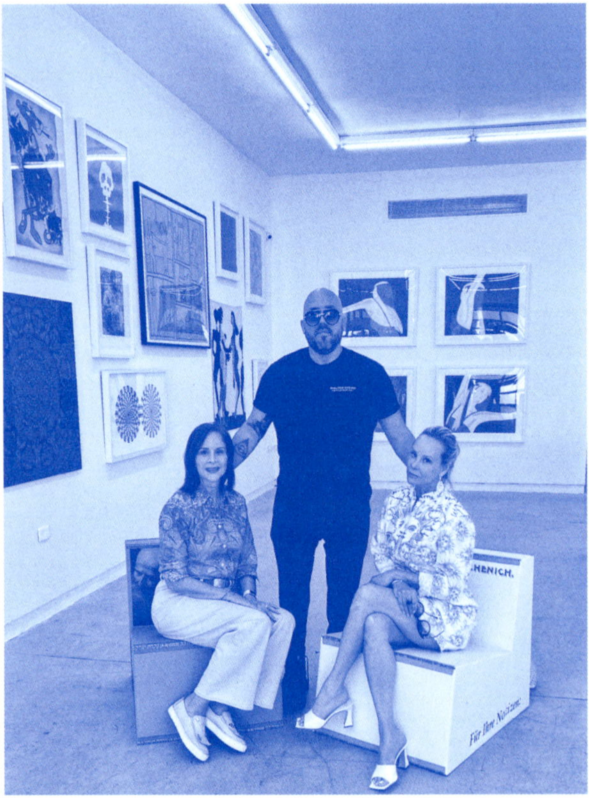

Walter Otero con Yasmin Colón y Yaz Hernández
de la colección Colón Gerena, 2023

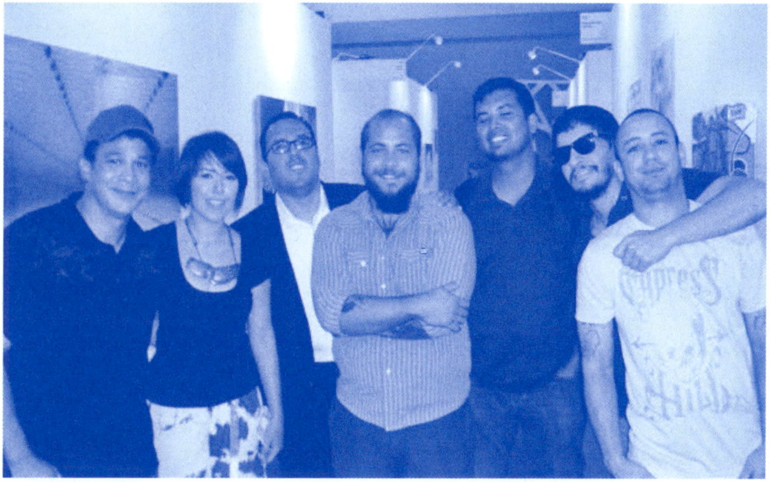

Primera feria CIRCA en San Juan, Puerto Rico: Arnaldo Roche Rabell, Isabel Fernández, Christopher Rivera, Roberto Márquez, Esteban Gabriel, Walter Otero y Juni Figueroa, 2007

Cuando pienso en la historia de la galería, la divido en dos partes que coinciden con los dos espacios en los que hemos trabajado. El primero, pequeño, algo distante de los centros culturales y metropolitanos, acogía a un grupo de artistas reducido. Allí lo importante era el proceso de aprender, crecer y ganar experiencias. En ese primer espacio, en esa primera etapa, se dio el tiempo de «entrenar».

El segundo espacio manifiesta de modo tangible lo alcanzado hasta ese momento: madurez, crecimiento, experiencia y éxito. No quiero que suene a que al llegar al segundo espacio se había logrado todo; sin dudas, aún estamos aprendiendo. Esa nueva etapa se da en una ubicación privilegiada, entre el San Juan histórico y el contemporáneo, en un espacio más grande y más importante aún, con un extenso grupo de respetados artistas que tienen presencia en países como Estados Unidos, México, España, Inglaterra, Alemania y Australia, por mencionar algunos.

La primera exhibición del nuevo espacio fue la primera individual a nivel profesional de Ángel Otero en Puerto Rico. Para su apertura trajimos a la isla a varias personalidades importantes. Entre ellas, Daniel Kunitz, editor en jefe de la revista *Modern Painters*; Aaron Levy, el actual director del museo de la Universidad de West Virginia; Christian Viveros-Fauné, curador, escritor y crítico de *ArtReview*, *ARTnews* o *The Village Voice*, y hoy día curador invitado del Bronx Museum.

O. P. C. Esos próximos años fueron muy activos para WOCA, ¿no?

W. O. Era la nueva rutina: proyectos, velocidad y contactos.

Otro de los grandes proyectos en los que trabajamos en ese tiempo fue la coordinación de la exhibición *Brotherhood*, curada por Robert Hobbs, para presentarla en el Chicago Cultural Center en la semana del arte en la ciudad, paralela a la feria Art Chicago. La muestra tuvo un éxito aplastante y viajó al Museum of Latin American Art (MOLAA) de California.

Semanas después presentamos a Arnaldo Roche en Spinnerei, un evento de arte internacional por invitación en Leipzig, donde tuvimos el lujo de conocer mejor a Neo Rauch y a su amigo y galerista Gerd Harry Lybke, director y fundador de Galerie EIGEN + ART.

O. P. C. Con el que, por cierto, compartes inicios: él también fue asistente y *studio manager* de un artista al que luego representó porque lo empujó a ser galerista.

W. O. Él y Neo son amigos más próximos en edad, pero sí. Tenemos los dos esa extraña iniciación en las artes, desde el estudio hacia la galería.

O. P. C. ¿Y no intentaste ser recíproco y traerte a Neo a Puerto Rico?

W. O. Claro que lo intentamos. Él estuvo un mes en Puerto Rico invitado por un coleccionista quien recién había comprado una de las piezas de Neo exhibidas en el MET. Durante ese tiempo, intentamos quedárnoslo, pero no funcionó; como muchos germanos y personas que proceden de lugares fríos, el creador de la Escuela de Leipzig no soportó tanta luz ni el húmedo calor tropical. Se regresó sobre la marcha, visita relámpago… [risas].

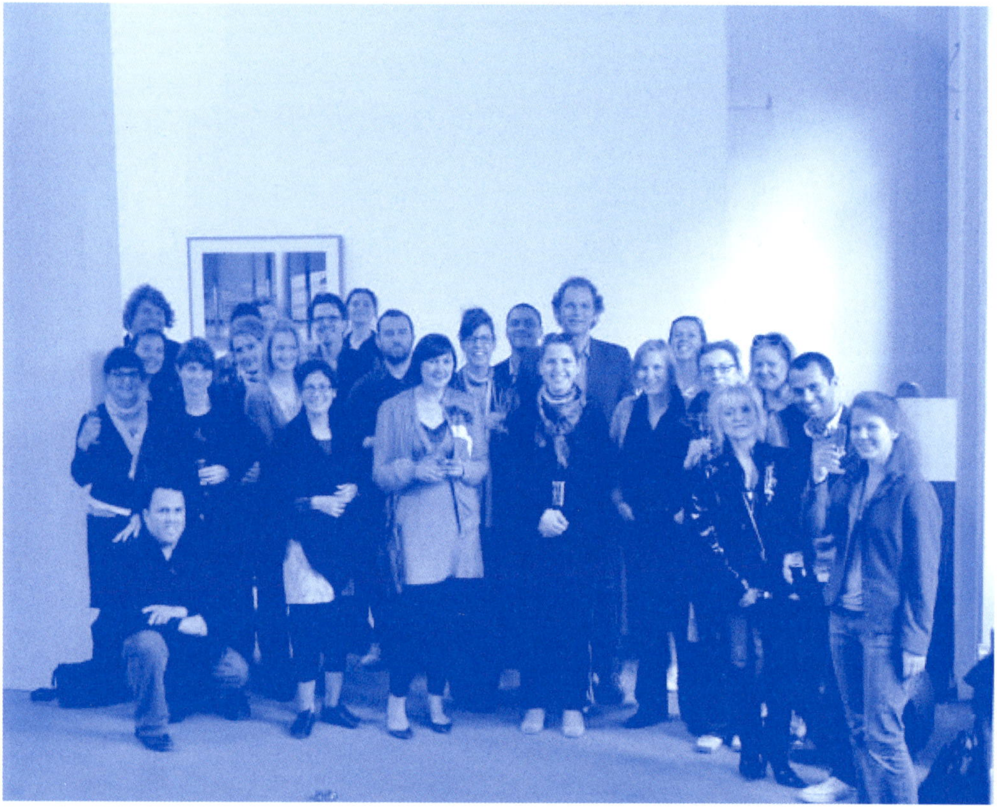

Leipzig International Art Programme, 2008

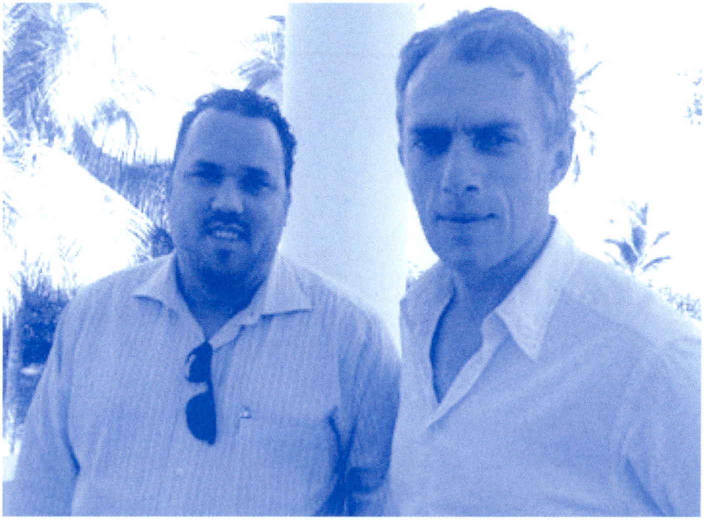

Walter Otero junto a Neo Rauch, 2008

O. P. C. ¡Ño! ¡Qué lástima! Imagino que fue una situación como surrealista. Ya sé que es un término manido, pero en el trópico el surrealismo a veces es la vida misma.

W. O. Lo has descrito muy bien. Es de las pocas veces que mi isla no seduce a un visitante.

O. P. C. A mí me sedujo desde el primer paso que di en el aeropuerto de San Juan.

W. O. ¡Pero tú no cuentas, tú eres cubano! ¡Tu enamoramiento viene con trampa!

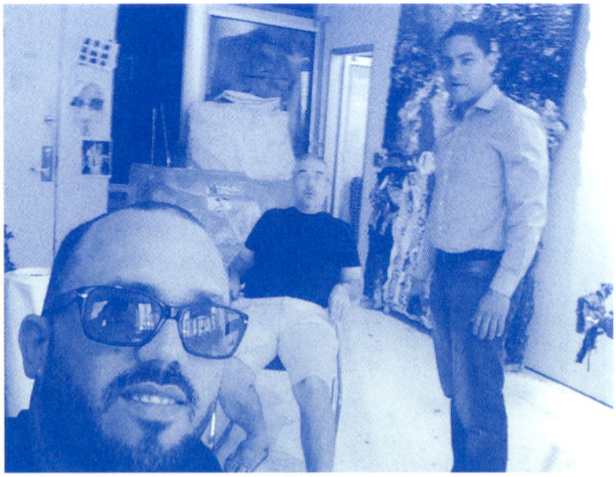

Walter Otero, Fabián Marcaccio y Edward-Víctor, 2013

O. P. C. Tienes razón, seguramente mi flechazo con Puerto Rico tiene que ver con la nostalgia del isleño desplazado… Sea como sea, San Juan me fascinó. Me quedé con ganas de visitar CIRCA.

W. O. En la edición de la feria del 2008 comenzamos el proceso de introducción del Ángel Otero profesional a la isla.

Lo presentamos con un *stand* redondo, junto a Fabián Marcaccio, Víctor Vázquez y Carlos Betancourt, entre otros.

O. P. C. Imagino que ese éxito reiterado ha sido una de las claves para que lo fichase tres años más tarde Lehmann Maupin.

W. O. No y sí. No porque ese paso lo estuvimos trabajando desde que abrimos como galería. Y sí porque, una vez probado en el mercado ferial, Ángel demostró que no solo era un fenómeno local, sino que era capaz de captar el interés de coleccionistas internacionales.

Igual en el 2009 se ganó la importantísima beca Leonore Annenberg, que le permitió mudarse a Nueva York, alquilar un estudio y trabajar allí. Eso ayudó logísticamente, pudimos organizarle muchas visitas personalizadas a ese primer estudio.

O. P. C. ¿Desde el 2003? Tiene sentido. Los famosos tempos en el mundo del arte casi nunca se precipitan.

W. O. Las historias que se precipitan —como tú dices— son las excepciones. La norma es el resultado de un trabajo a largo plazo.

O. P. C. A veces a larguísimo plazo…

W. O. Hay muchísimo de apuesta personal, de confianza ciega, en la gesta de proyectos creativos. Lo nuestro es un proyecto de vida.

O. P. C. Decía José Luis Brea que el arte contemporáneo es un acto de fe. Y coincido completamente con él en esa afirmación. Algo de fe hay en nuestro trabajo. Por cierto, ¿con Ramis solo colaboraste una vez?

W. O. ¡No, qué va! ¡Colaboramos muchísimo! Pero todo lo que realizamos fue obra en consignación. Trabajamos Pujol, Betsabeé Romero y hasta una comisión de Julian Schnabel.

O. P. C. Ya me parecía a mí que tenían más relación, porque, cuando trabajé para él, un par de veces lo escuché introducirte en las conversaciones con el equipo: «Esto es cosa de Walter», «llámame a Walter»... Luego supe que tú eras ese Walter [risas].

W. O. En el argot popular boricua se dice «este me sale hasta en la sopa».

O. P. C. En Cuba también se dice, pero es en negativo, y a mí me alegraba que te mencionasen, porque para mí eras ese joven galero que me cayó bien.

W. O. Igual lo que pasa es que el mundo es un pañuelo...

O. P. C. Y el del arte es un pañuelito de bolsillo de traje, uno de esos enanos e inútiles que solo adornan.

W. O. De esos que tanto te gustan.

O. P. C. Esos mismos. Y mientras más lo conoces, más chico se te hace.

W. O. Cierto es que todos y todas nos encontramos siempre en las ferias, las bienales, los festivales y en todos los grandes *openings*. Es un mundo, de alguna manera, muy endogámico. Una vez dentro es muy cerrado.

O. P. C. ¡No sé yo, Walter! Tal vez como en todos los círculos profesionales, seguro que los informáticos dirán lo mismo, o los arquitectos, o los publicistas.

W. O. Puede ser… [risas].

O. P. C. Visto a distancia, desde España, resultaba interesante observar cómo incorporabas nuevos nombres a la galería. Atento a las nuevas promesas boricuas.

W. O. En el 2009 tuve la oportunidad de coordinar la exhibición *Found & Lost* del artista Michael Linares en el Museo de Arte Contemporáneo de Puerto Rico, y muchas de estas piezas lograron integrarse en la colección de Rosa de la Cruz en Miami.

O. P. C. A través de ti tuve mis primeras noticias sobre Ángel Otero, Michael Linares, Gamaliel Rodríguez o Ramón Miranda Beltrán; tu mirada siempre me ha servido de filtro.

W. O. Eso es lo que hacemos, tú como curador y yo como galerista. Filtramos, destilamos un material que se mueve, cambia, evoluciona.

O. P. C. Hablando como los locos…

W. O. Esa frase te encanta. ¿Sabes que tus amigos y los que te la hemos escuchado te la hemos copiado?

O. P. C. Sí, lo sé… Pero al tajo, hablando como los locos, también trajiste mucho arte internacional a Puerto Rico.

W. O. Por supuesto. Si quieres elevar una colección, privada, corporativa o pública, tienes que internacionalizarla, hacerla global. No solo local. Y he aquí donde parte de ese componente de galería internacional va tomando forma. Salimos de la isla a presentar el trabajo de los nuestros y fuimos trayendo a la isla el trabajo de muchos de los grandes.

A través de WOCA hemos contribuido a que Puerto Rico se convierta en el nuevo hogar de importantes obras de artistas de gran prestigio y procedentes de varias galerías, pero debo resaltar la relación que establecimos con Yvon Lambert desde temprano en el desarrollo de la galería. Esta relación nos facilitó traer artistas de la talla de Theaster Gates, Michelangelo Pistoletto, Glenn Ligon, Andy Warhol, Francesco Clemente, Jeff Koons, Rashid Johnson, Daniel Arsham, Kenny Scharf, Keith Haring, Takashi Murakami, Anselm Kiefer, Nan Goldin, Ana Mendieta, Do Ho Suh, Jake y Dinos Chapman, Bill Viola, Matthew Barney, Immendorff, Kara Walker, Julian Schnabel, Alex Katz, KAWS o Maurizio Cattelan, entre muchos otros.

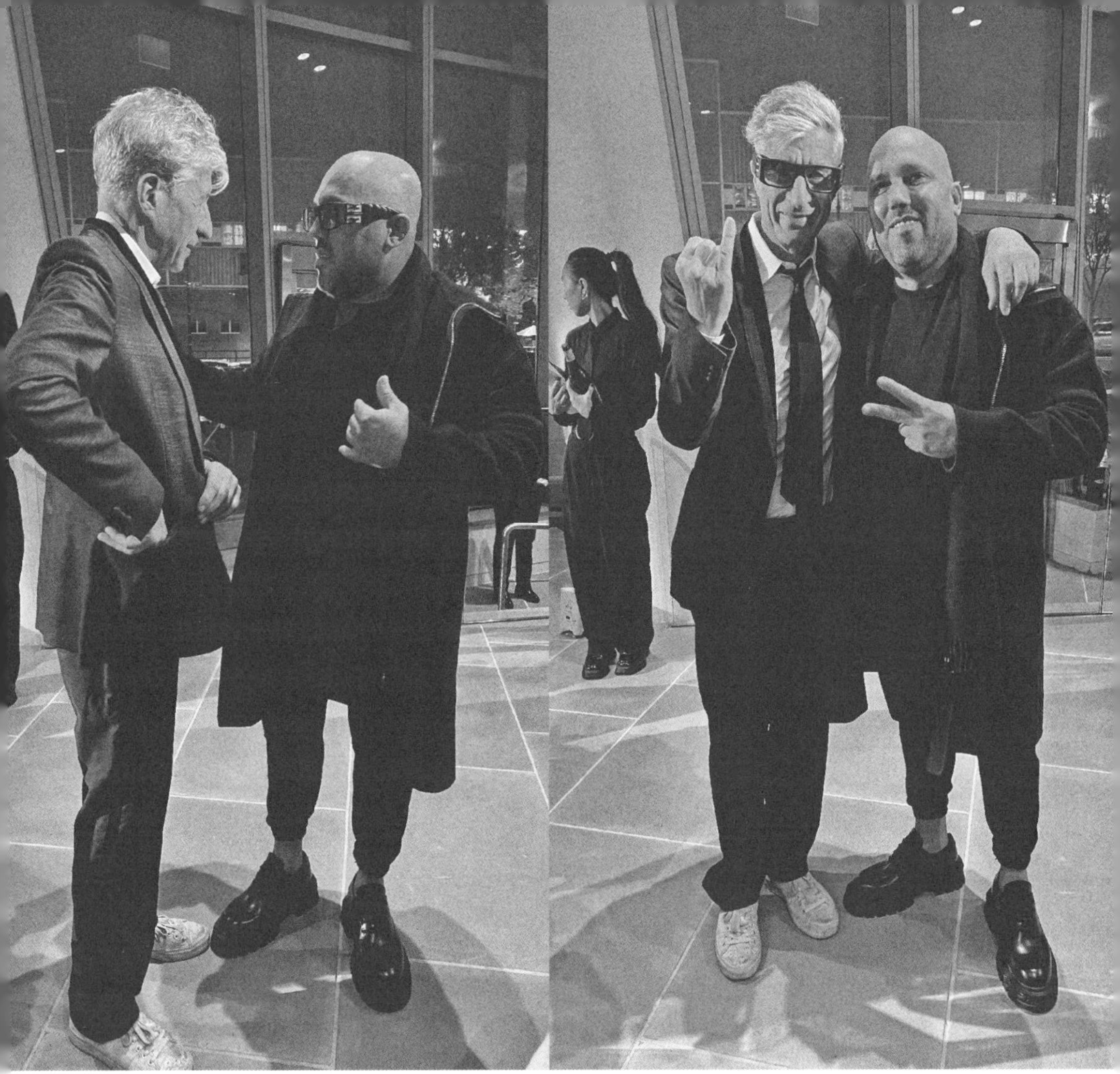

Maurizio Cattelan y Walter Otero bromeando con un «robo» de gafas en la gala del Smithsonian Museum, Washington D. C., 2023

Para mí, cada incorporación representó un puente entre el arte global y nuestro contexto cultural local, insular, caribeño y tropical.

O. P. C. ¿Puedes mencionar alguna de las galerías con las que colaboraste para traer esos artistas a Puerto Rico?

W. O. A ver que haga memoria.

O. P. C. Así, en plan rápido, deduzco que Kara Walker fue a través de Brent Sikkema de Nueva York. Y que Ana Mendieta, a través de Galerie Lelong.

W. O. Efectivamente, y Matthew Barney a través de la Gladstone Gallery de Nueva York; Theaster Gates y los hermanos Chapman a través de White Cube de Londres; Daniel Arsham y Maurizio Cattelan a través de Perrotin; Nan Goldin a través de Yvon Lambert; Do Ho Suh a través de Lemman Maupin; Andy Warhol, Francesco Clemente, Jeff Koons, Keith Haring, Takashi Murakami y Anselm Kiefer a través de Gagosian; KAWS a través de Skarstedt Gallery de Nueva York, Julian Schnabel a través de Ramis Barquet y Rashid Johnson a través de Hauser & Wirth.

No todo fueron ventas directas, algunas fueron en casa de subasta o mercado secundario, y aquí debo destacar el trabajo con León Tovar en Nueva York, Samson Projects en Boston y Jacob Karpio en Costa Rica.

O. P. C. ¿Te das cuenta de que en esa lista están muchas de las galerías más destacadas de las últimas décadas?

Y antes mencionaste a Paula Cooper y a Robert Miller. Son todos muy importantes.

W. O. Sí, es verdad. Y son importantes no solo por el trabajo que hacen con quienes representan y comercializan, sino por su capacidad de generar un mercado coherente y sólido.

Después hay que añadir el trabajo que se hace con críticos y curadores internacionales. Nosotros hemos traído a Puerto Rico a Octavio Zaya, Christian Viveros-Fauné, Barry Schwasbky, Edward Lucie-Smith, Robert Hobbs, Jérôme Sans, Klaus Biesenbach, Michèle Dalmace, Mark Scala y Pablo León de la Barra, entre varios otros.

O. P. C. A mí... [risas].

W. O. Sí, a ti también te trajimos... y te seguiremos trayendo.

O. P. C. Esa agenda está llena de «llaves maestras», como decía nuestro querido Antonio Zaya.

W. O. A Antoñito no hizo falta que lo trajera, vino él solito por sus investigaciones curatoriales sobre el Caribe. Desde mediados de los noventa nos visitó.

O. P. C. Te habrá costado mucho conseguir esa agenda, esa red casi infinita.

W. O. Años, y sigue *in crescendo*. De eso trata nuestro trabajo. De tejer una red infinita de relaciones y ponerlas en valor.

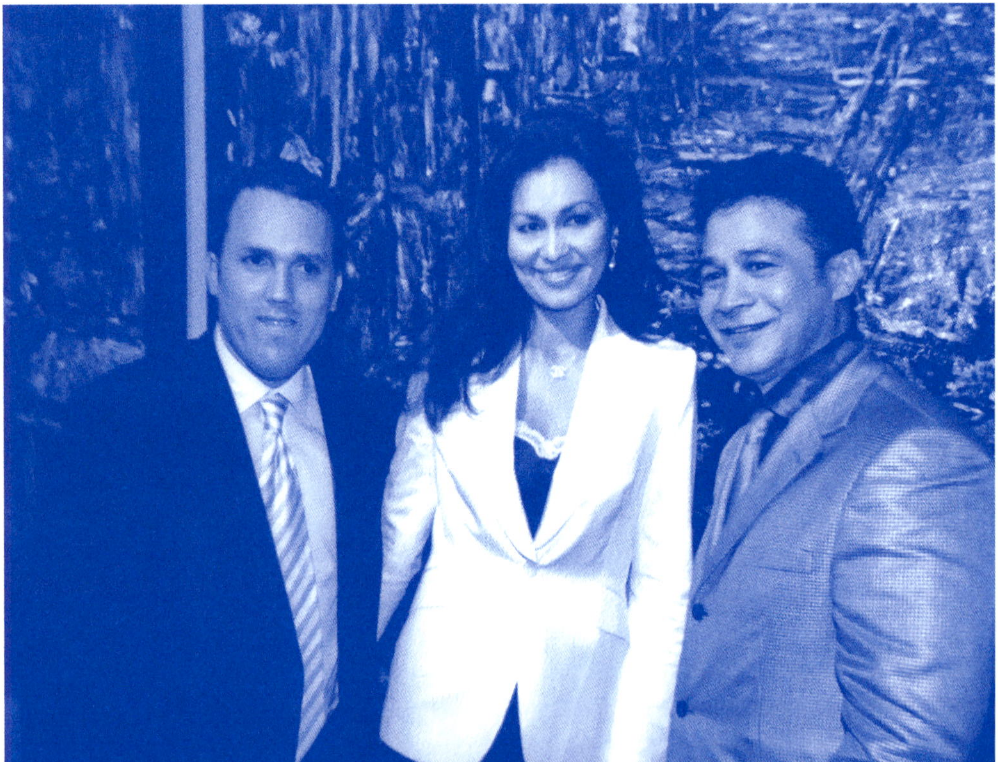

Walter Otero, Lady Forsyth-Johnson y Arnaldo Roche Rabell, 2002

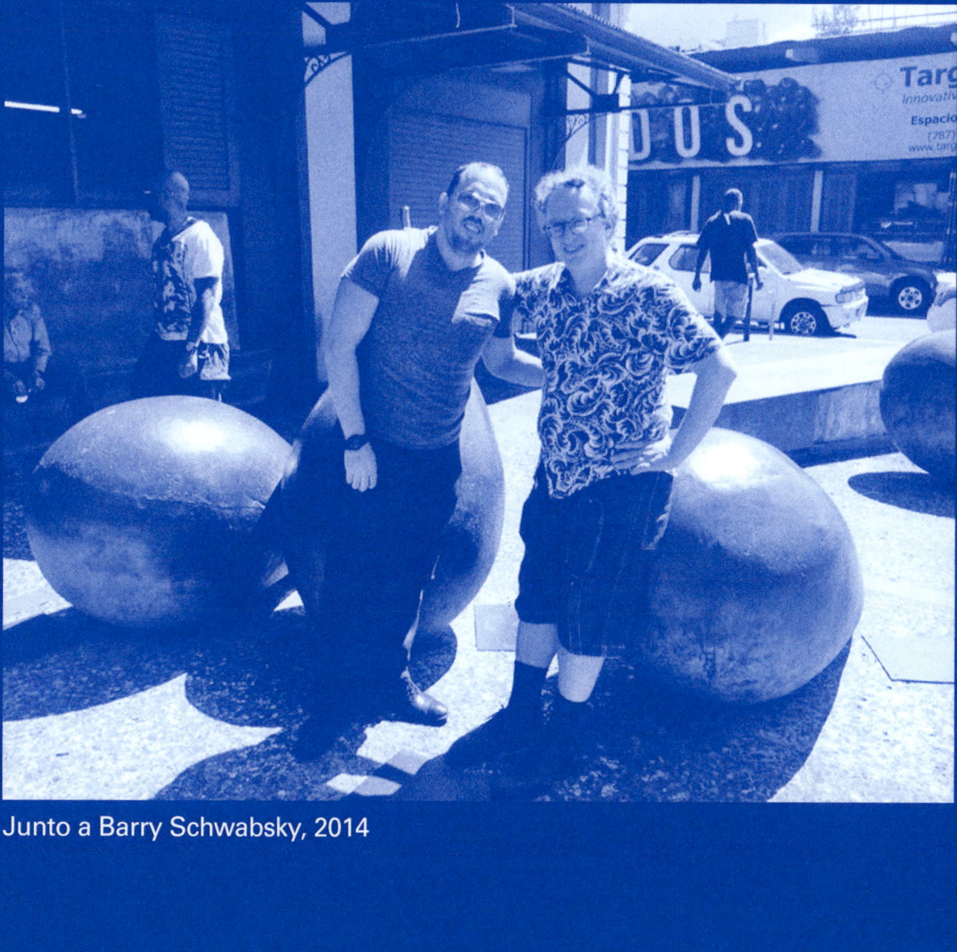

Junto a Barry Schwabsky, 2014

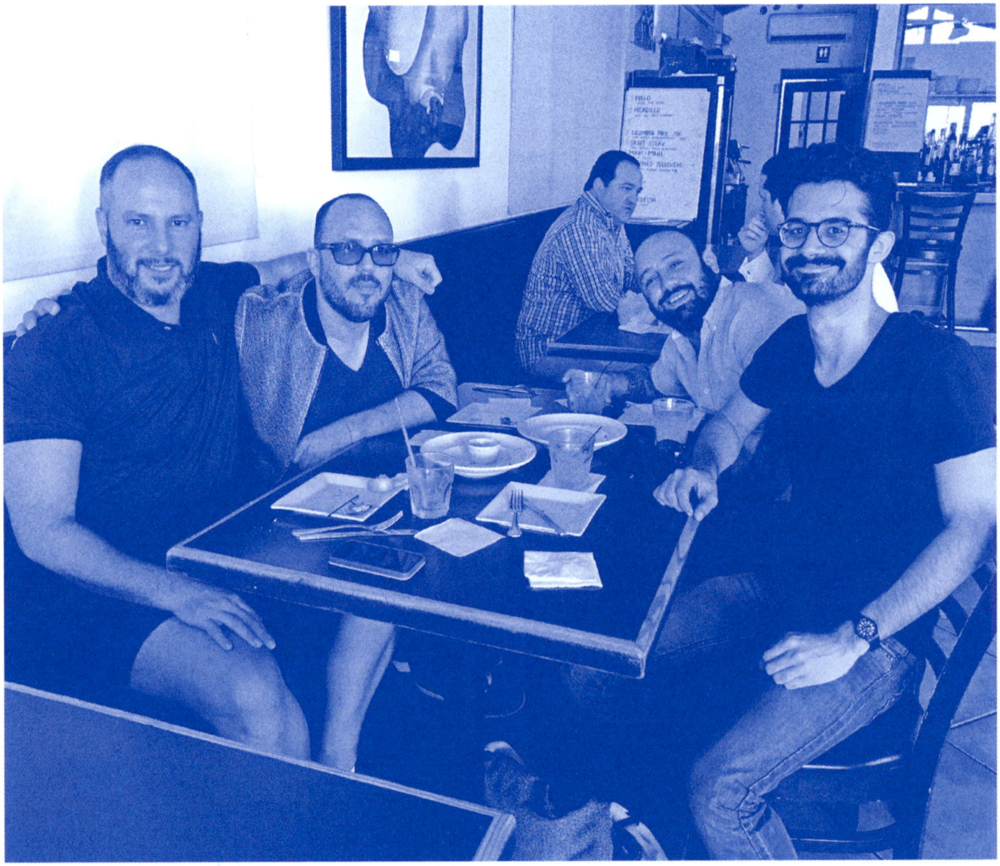

Pablo León de la Barra, Walter Otero, Jun Martínez y Juni Figueroa, 2016

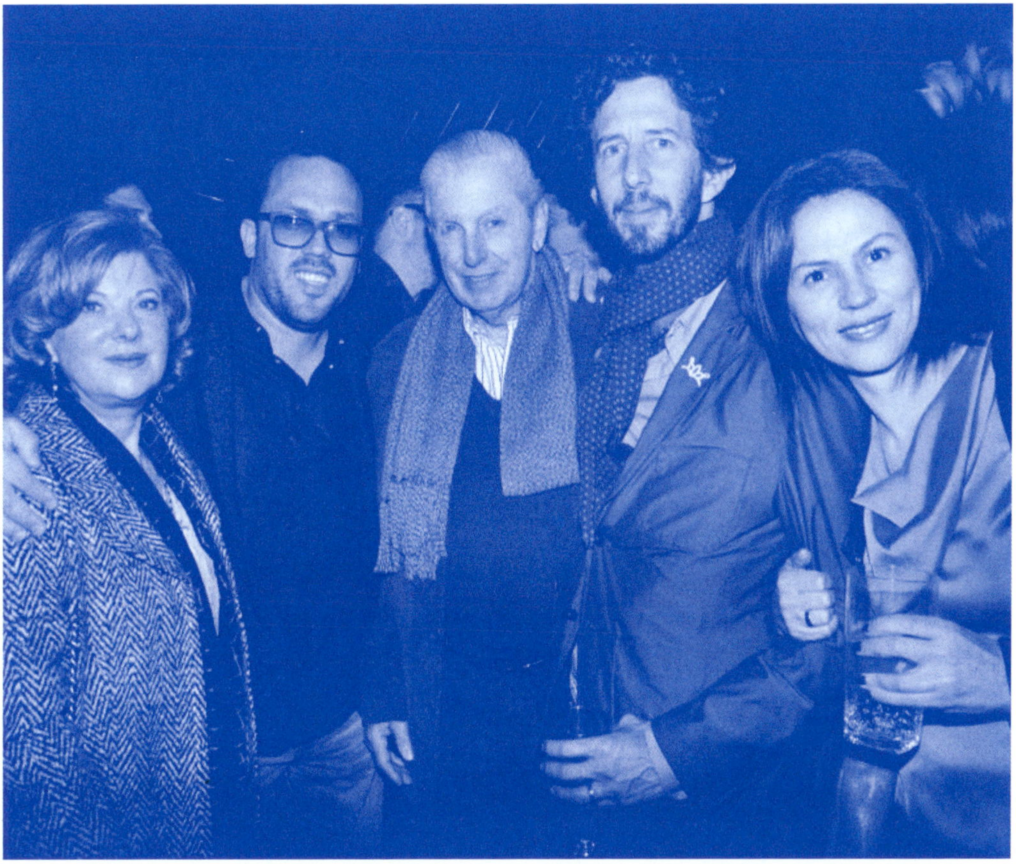

Junto a Celia y León Birbragher y el curador José Roca, en ARTBO, Bogotá, 2014

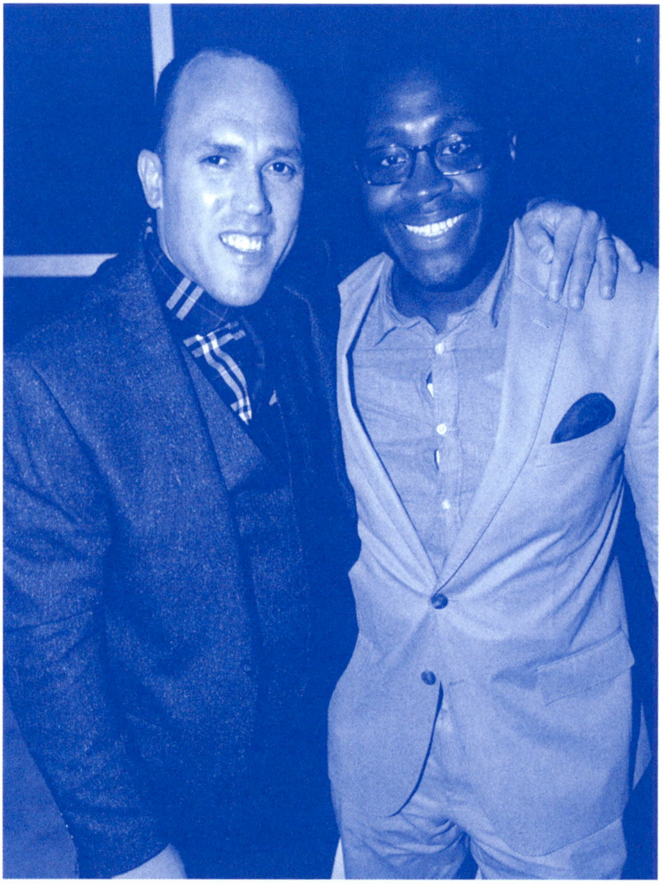

Junto al curador Larry Ossei-Mensah, 2012

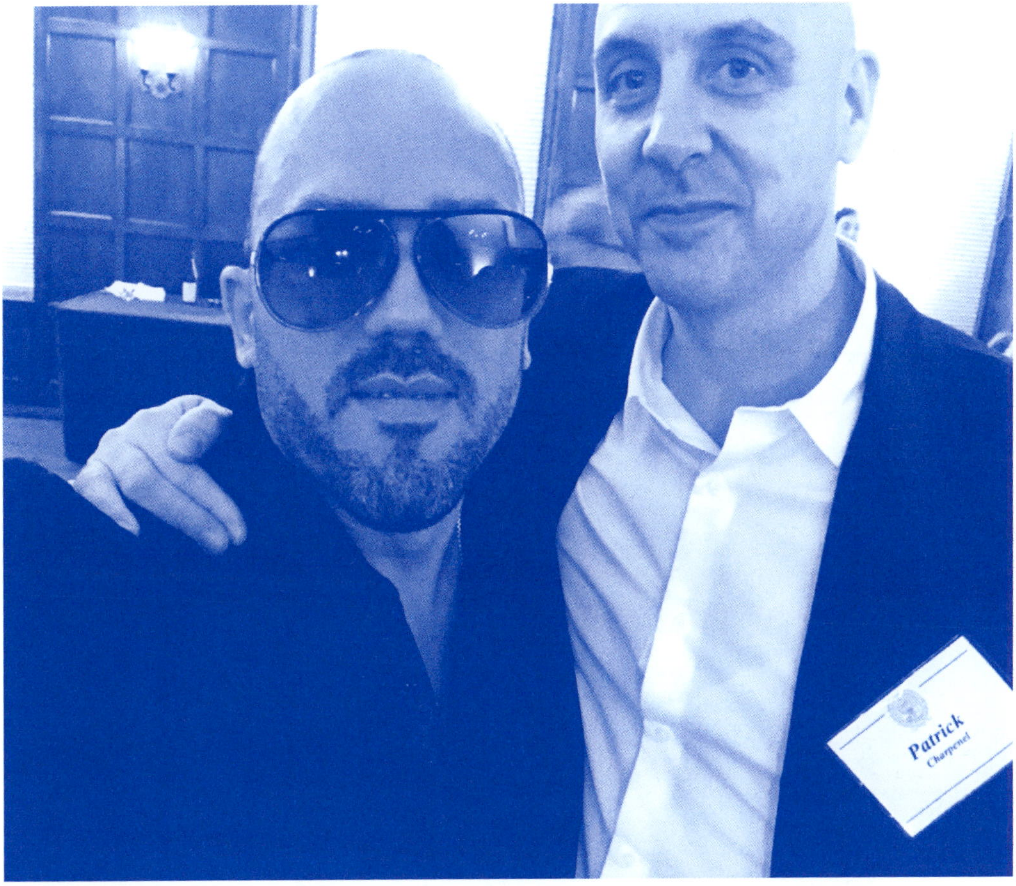

Junto a Patrick Charpenel, director del Museo del Barrio, Nueva York, 2018

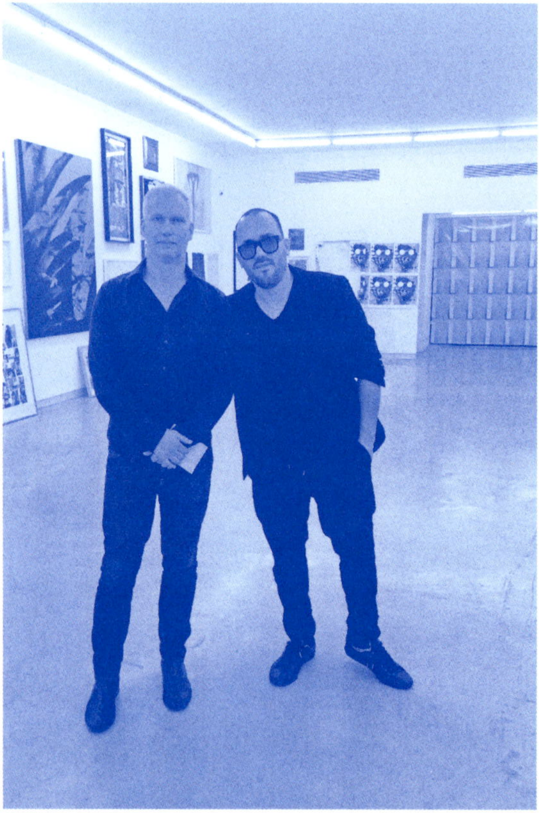

Junto a Klaus Biesenbach, en WOCA, 2015

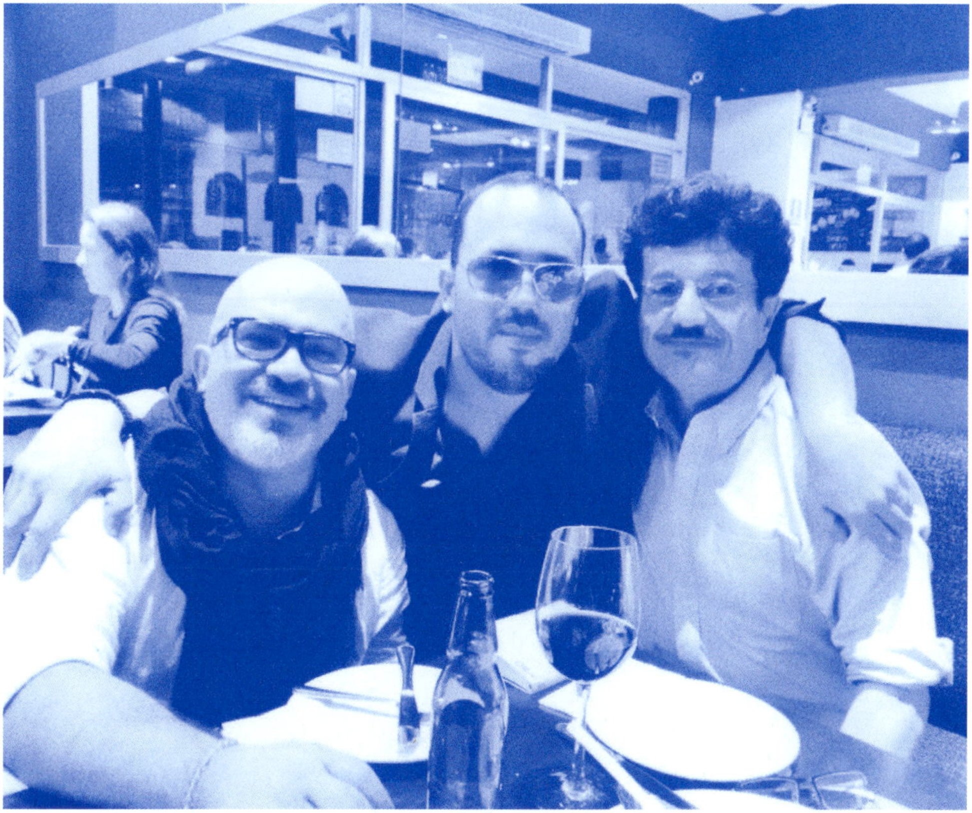

Junto a Omar-Pascual Castillo y Octavio Zaya, en Lima, Perú, 2014

O. P. C. Pero desde siempre has ido más allá del modelo Castelli. Ya sé que adoras a Leo Castelli y que lo has estudiado, pero, comparándote (y salvando las distancias geográficas e históricas), eres otro modelo nuevo más allá de la galería clásica que vende arte en su sede y en ferias. Produces eventos, te involucras como coordinador, buscas fondos y mecenas, te involucras en la cultura visual con un entusiasmo que va más allá de lo empresarial.

W. O. Cuando hace falta, y si me parece interesante el proyecto, sí me involucro del todo. Por ejemplo, en octubre de 2011, ayudamos a coordinar la exhibición *NosOtros: la humanidad al borde*, del fotógrafo estadounidense David LaChapelle, en el Museo de Arte Contemporáneo de Puerto Rico. Muestra curada por la doctora Lilliana Ramos Collado, que incluyó algunas de sus obras más icónicas.

La exhibición generó una conversación profunda sobre la condición humana, el artificio de la imagen y los temas sociales más urgentes. Para mí, fue una oportunidad de acercar al público local a una figura internacional cuya obra dialoga con la historia del arte occidental desde una perspectiva contemporánea. Además, el artista ofreció una charla en el Recinto de Río Piedras, de la Universidad de Puerto Rico, como parte de las actividades educativas de la exhibición.

Sobre esto te cuento que un año antes, en Nueva York, en la feria The Armony Show, me presentan a David y en la conversación sale a relucir que sus primeras fotos las tomó en Puerto Rico. Su mamá lo trajo a la isla y, como regalo de cumpleaños, le regaló su primera cámara. Por esa anécdota le propuse hacer una muestra en la isla. Y de ahí se gestó el proyecto.

Cada uno de estos eventos representó un paso firme en mi propósito de posicionar a Puerto Rico como epicentro del arte contemporáneo.

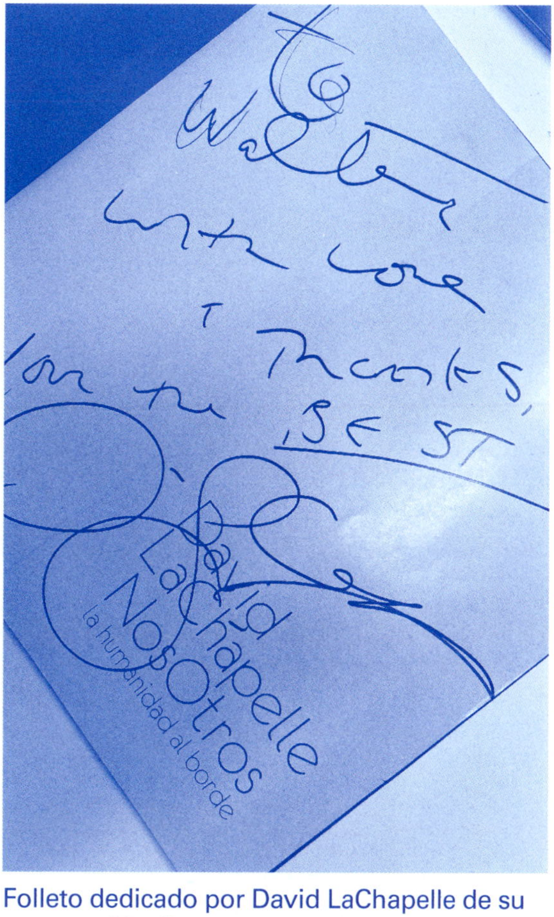

Folleto dedicado por David LaChapelle de su muestra *NosOtros* en el MAC, Puerto Rico, 2011

O. P. C. Justo en octubre de 2010, un año antes, me gané la plaza de director artístico del CAAM, y tú te ofreciste, una vez más, a facilitar lo que hiciera falta para traer a Europa arte puertorriqueño.

W. O. Y, una vez más, me pediste tiempo [risas].

O. P. C. Sí, soy lo peor. Tú, en cambio, me tuviste paciencia. Eso sí eres, paciente sí eres. Después de un primer contacto, cargado de tu habitual entusiasmo, no molestas. Eres tenaz pero no *pesao*.

W. O. Es que hay un hilo muy fino entre tenaz y *pesao*, creo yo.

O. P. C. Un hilo finísimo.

W. O. Hay que calcularlo muy bien para no pasarse. Hay que saber leer las señales y deducir cuándo debemos insistir sobre alguna propuesta, sin ser maleducados… o *pesaos*.

O. P. C. En el 2012 nos vimos en la Semana del Arte de Miami, en tu fiesta del Bass Museum, con Silvia Karman Cubiñá, la directora. Fue muchísima gente. Vi de una pasada a directoras de revista (Celia de *ArtNexus*), a *collectors* (Jorge M. Pérez de El Espacio 23 y el Pérez Art Museum Miami), a artistas... Esa capacidad de convocatoria dijo mucho de tu trabajo.

W. O. La cosa marchaba bien y, sin dudas, ese día marcó uno de los logros más importantes que había proyectado para la galería.

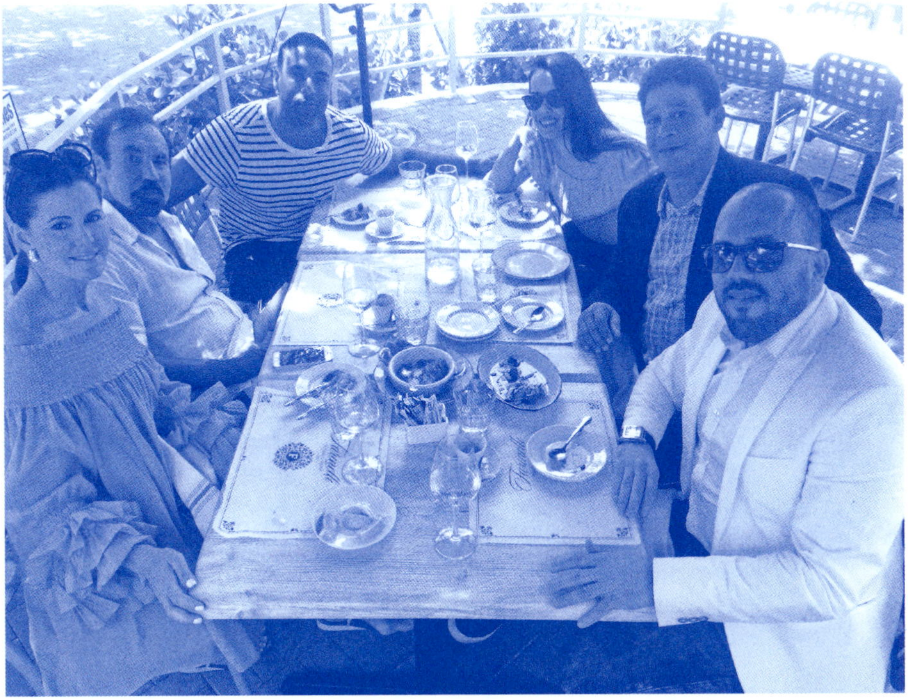

Darlene y Jorge M. Pérez, Yotuel y Beatriz Luengo, Arnaldo Roche Rabell y Walter Otero, Miami, 2016

Como te he contado, gran parte de lo que menciono aquí lo he logrado de la mano de muchos maestros. Lo que aún no he dicho es que, a lo largo de los años, también he contado con un equipo de trabajo que me ha apoyado de manera excepcional.

En ese equipo han participado especialistas en administración, relaciones públicas, ventas e instalación, por mencionar algunos. Entre ellos, debo destacar a Edward-Víctor Sánchez. Edward fue asistente de Roche también y así le conocí. Fue siempre muy disciplinado, con un sentido del humor único y con un carácter muy afable que funcionaba muy bien para el taller, así como para la galería.

Edward estuvo presente desde los primeros años de la galería. Con él gestioné y organicé exhibiciones, participaciones en ferias y los primeros viajes. Fue quien coordinó los procesos de las ferias e instaló la mayoría de esas presentaciones. De hecho, en ocasiones viajaba con antelación a los destinos para atender asuntos de logística o negociaciones. Juntos desarrollamos charlas educativas y mentorías, además de orientar a decenas de artistas que buscaban representación. Visitamos numerosos estudios dentro y fuera de la isla. Mi crecimiento y desarrollo como vendedor y representante en los inicios de la galería fueron posibles porque, mientras yo me concentraba en las negociaciones y las ventas, Edward se encargaba de los demás procesos. Fue amigo, asesor, asistente y, por un tiempo, director de la galería.

En 2015 él partió a continuar sus estudios universitarios, pero siempre hemos mantenido contacto. Incluso he sido conferenciante invitado en algunos de los cursos que él ofrece, ahora como profesor universitario.

Hoy día, mi hija Gabriela forma parte de mi nuevo equipo, y con ella busco extender ese modelo de colaboración que comenzó con Edward y que nos ha permitido crecer y mantenernos estables.

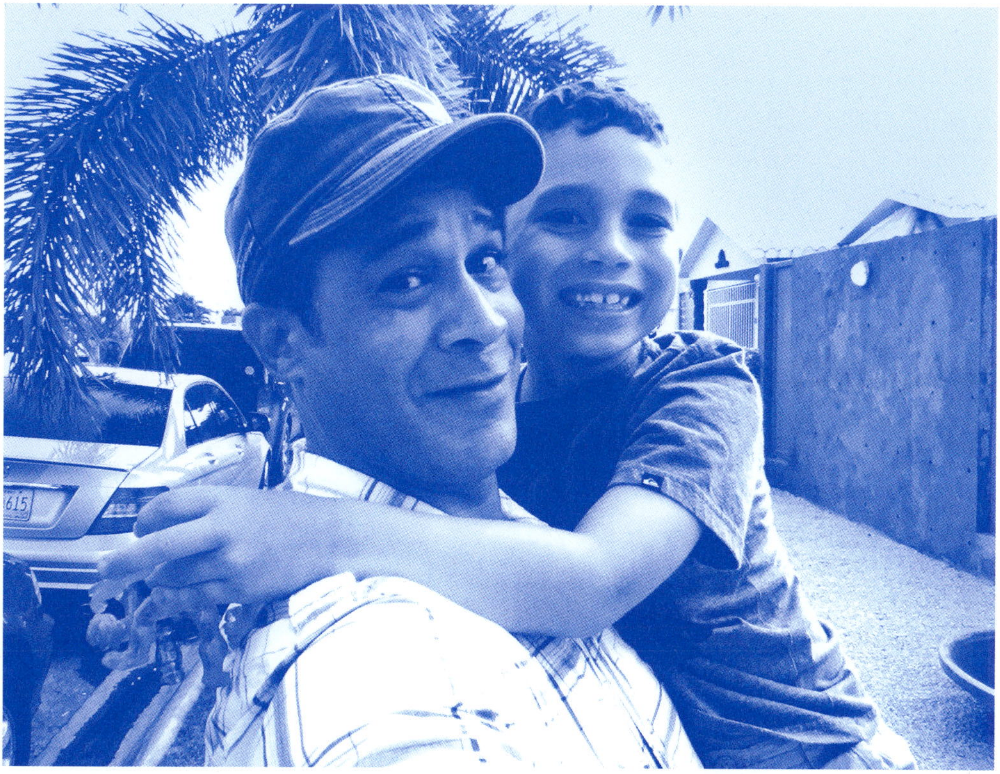

Arnaldo Roche Rabell con Sebastián Otero, hijo de Walter, 2010

PARTE III. La reinvención

Walter Otero y sus hijos, Sebastián y Gabriela, Nueva York, 2024

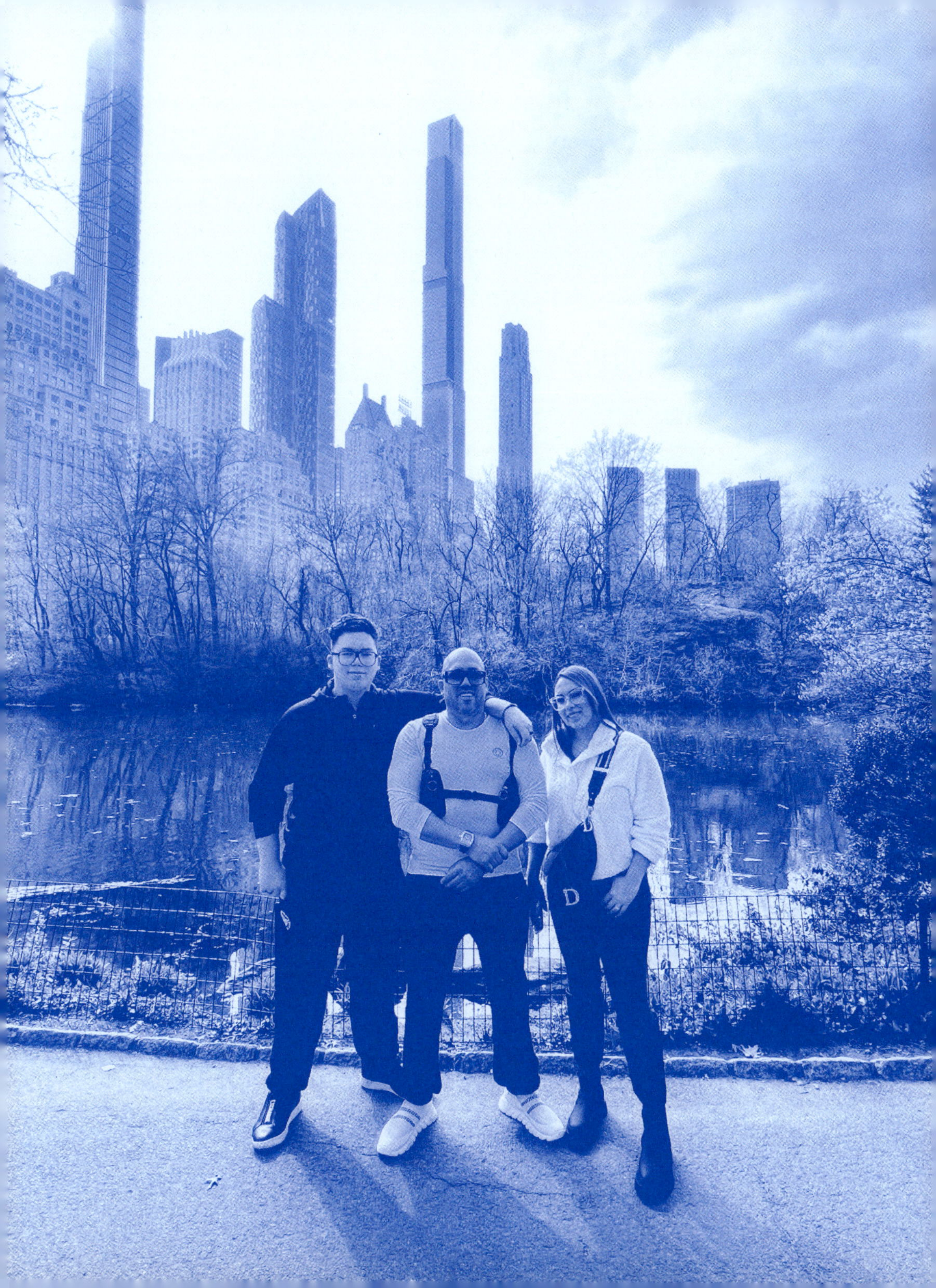

O. P. C. A ver, hagamos un paréntesis. Tras casi una década de actividad como galerista cambias de local, fichas a una docena de artistas y empiezas a ir a ferias, produces eventos y libros...

W. O. Correcto. Desde el 2004 estuvimos realizando catálogos de buena calidad que documentaran y promovieran el trabajo de los artistas.

Toda esta gestión contribuyó a que tuviéramos más alcance y llegáramos a más personas. Logramos una mayor cobertura de los medios: artículos de la galería y de nuestros artistas fueron publicados en *Gallery Guide* (Southeast y National/International; en esta última nos dieron la portada en dos ocasiones), *Modern Painters*, *ArtNexus*, *Arte al Día*, *art.es*, *Artforum*, *ArtPremium*, *Atlántica*, *Latin American Art, Vogue* y muchas más. También en periódicos: *El Nuevo Día*, *El Vocero*, *El País*, *The Miami Herald*, *El Nuevo Herald*, *Listín Diario* y *La Provincia*. Y en cuanto a libros, aparecimos en *Art Cities of the Future*, en el capítulo escrito por Pablo León de la Barra; en *The Art Fair Age*, de Paco Barragán, y en *Latinx Art: Artists, Markets, and Politics*, de Arlene Dávila.

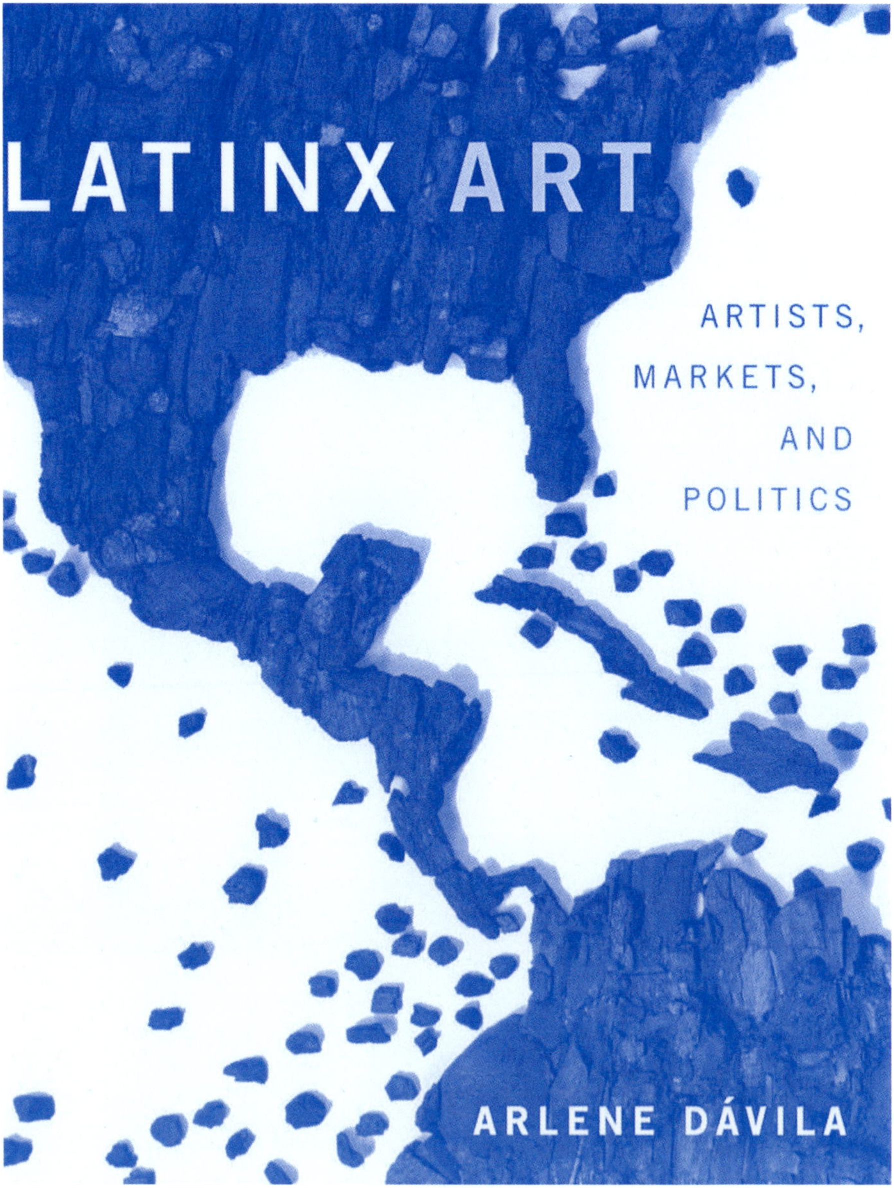

Portada de la publicación *Latinx Art*, 2020

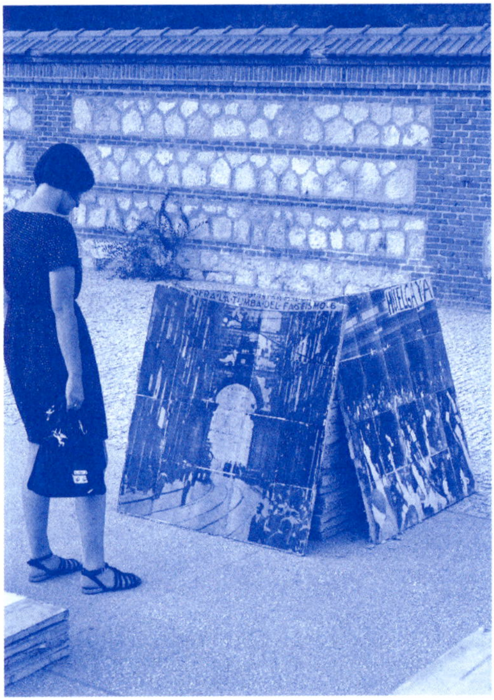

Montaje de la obra de Ramón Miranda
Beltrán en Matadero Madrid, 2015

O. P. C. ¿Cómo vino esa paulatina reinvención si todo iba miel sobre hojuelas?

W. O. Por un lado, cuando dejó de ir miel sobre hojuelas y, por otro, porque las circunstancias nos impusieron adaptarnos y evolucionar. El mundo en las últimas décadas había cambiado, se había digitalizado, se había hecho global y viral.

Una de las primeras cosas que estudié fue cómo el mercado de Miami se mantenía con respecto a nosotros. Vi la posibilidad de que antes de Art Basel se trajeran desde Miami grupos de coleccionistas a San Juan y llevarlos a colecciones y a estudios. Lo comenté con colegas y así lo hicimos, organizándolo con Sam Keller, el director de Art Basel Miami de aquellos años, y fue un éxito. Muchos coleccionistas se apuntaban al viaje sin reparos y con entusiasmo.

Por otro lado, ojeando el panorama en las Américas, vimos que había cosas muy importantes pasando en el Sur. «Lo mismo deberíamos diversificarnos», me dije. Fue cuando a Octavio Zaya, quien ya había colaborado con nosotros en varias ocasiones, lo nombraron curador de los *Project Rooms* de Art Lima, una de las ferias de Perú. Y nos invitó a participar con Ramón Miranda Beltrán. Y fuimos.

O. P. C. Por esa pieza de Art Lima de Ramón me animé a invitarlo a nuestro proyecto del CAAM.

W. O. Lo sé. Mira, este es un ejemplo perfecto para explicar algunas de esas estrategias a las que he hecho alusión antes y cómo funciona el mundo del arte. Desde la invitación sabíamos que era una pieza complicada para transportar y para vender, pero valía la pena tener presencia allí. Así que decidimos que Ramón viajara unas semanas antes a Lima a producir la obra *in situ*. Una vez llegamos allí, hicimos muchos contactos, conocimos a nuevos colegas galeristas y a coleccionistas peruanos a quienes no habíamos tenido acceso antes.

A veces se cubren gastos y otras se amplía la agenda y nacen nuevas relaciones y compromisos. Aunque siempre aspiremos a más: a venderlo todo, a entrar en una colección institucional, en otra galería...

Cuando analizamos cómo nos fue en una feria, no hay que valorar solo lo ocurrido en el tiempo expositivo del evento ferial, hay que analizar el *postferia*... A veces, seis meses después de un primer contacto, no sale una venta paralizada, sino la compra de un lote entero. Solo que ese contacto, ese coleccionista en cuestión, estaba ocupado. Puede que el hombre tuviera sus *timings*, estuviera de viaje o tuviera otras cosas que hacer.

También puede que indagara sobre ti, preguntándoles a otros colegas galeristas, *advisers* o coleccionistas.

O. P. C. La resaca ferial, le dice un amigo artista. Aunque la figura del *art adviser* no es nueva, ahora que la mencionas, parece más demandada que nunca.

W. O. Es verdad que desde siempre ha existido gente a la que le pedían consejos artísticos, que se consideraba de buen gusto e informada. Ahora existen estudios específicos en Mercado del Arte, e incluso las casas de subastas Christie's y Sotheby's tienen másters propios. Ser *art adviser* se ha profesionalizado.

O. P. C. ¿No crees que demasiado?

W. O. No, ¿por qué? Mira, ¿eso que antes me preguntaste sobre aquel arte internacional cuya llegada a Puerto Rico facilité? Pues mucho lo traje dentro de programas de asesoría a coleccionistas. Fue de ese mercado, donde se supone que ganaba menos porcentajes, de donde al final conseguí el capital suficiente para poder seguir invirtiendo en mis artistas boricuas.

O. P. C. Explícate.

W. O. Gracias a esos ingresos pude pagarles «exclusividad» a algunos artistas con los que trabajé. Eso significa cubrir sus gastos vitales para que no tengan que preocuparse de otra cosa que no sea producir.

Se hicieron gestiones para ayudar con gastos de matrículas y hospedajes. A algunos artistas los apoyé hasta cubriéndoles sus estudios. Luego ellos lo pagaban con obra.

O. P. C. Y esa apuesta te permitió luego ir colocándolos en galerías de primer nivel, ¿verdad? ¿Ese fue el caso de Ángel Otero?

W. O. Sí. Cuando en el 2011 Otero obtuvo su primer *solo show* en una de las sedes neoyorquinas de Lehmann Maupin, tuve el honor de ser el anfitrión en el *art talk* entre el artista y el prestigioso curador y crítico de arte Christian Viveros-Fauné.

O. P. C. Era una manera de dejar claro quién era el culpable o el cómplice de ese fichaje.

W. O. Creo, más bien, que fue mera cortesía y agradecimiento por parte del *team* de Lehmann.

Hay que tener visión de futuro. Uno siembra por aquí y por allá y al final de algún lugar se cosecha algo. Como mismo crecen los artistas, las galerías o los curadores. Y terminan integrándose en instituciones o macroeventos.

O. P. C. En noviembre del 2013 fuiste a la feria de arte contemporáneo Pinta New York, en la sección curada por Ian Cofre, con obras de Arnaldo Roche Rabell, Michael Linares y Rafael Vega. Recuerdo ese *stand*.

W. O. Fuimos a varias ediciones de Pinta New York y también fuimos a la de Londres. Era importante estar ahí porque el perfil de la feria era latinoamericano. Como he mencionado, siempre ha sido importante crear colaboraciones que tengan un alcance trascendental. Si bien era físicamente imposible llevar a todos nuestros artistas, el estar allí con uno, dos o tres nos daba la oportunidad de resaltar a todos los que representábamos, al igual que a otros puertorriqueños.

Otro elemento importante era que las secciones en las que estaban las galerías estuviesen curadas por curadores de renombre. Esa conexión agilizaba ventas y generaba más atención.

Ese año también fuimos a Ch.ACO, la feria de Santiago de Chile, donde tuve el privilegio de conocer a Patricia Ready, galerista, coleccionista y mecenas, con la que todavía mantengo contacto.

O. P. C. Y el año siguiente, el 2014, fue otro año decisivo.

W. O. A una década de fundados como galería, el 2014 marcó un punto de inflexión en la trayectoria de WOCA, porque la célebre e influyente revista *Modern Painters* nos incluyó entre las 500 mejores galerías del mundo.

O. P. C. En primavera de ese año nos volvimos a ver en Art Lima. Fui a Lima porque tú estabas por allí, fundamentalmente.

W. O. Y de ese viaje nació el trimestre puertorriqueño en el CAAM. Tres muestras individuales de artistas boricuas a la vez en el tercer museo de arte contemporáneo fundado en España.

O. P. C. Gracias a ese viaje a Lima comenzamos los trámites para gestar las primeras muestras personales de Arnaldo Roche Rabell, Ángel Otero y Ramón Miranda Beltrán en Europa.

W. O. Y las muestras de Arnaldo y Ramón itineraron. Una al Museo de San Juan, la de Roche, y la de Ramón tuvo una segunda fase en Matadero, en Madrid.

O. P. C. Y de nuevo, para ejemplificar los tempos del mundo del arte, tardamos un año en realizarlas. En el primer trimestre del 2015 hicimos *En azul: señales después del tacto (frottages)*, de Roche, *Pintura ascendente* de Ángel, curada por Christian Viveros-Fauné, y *Somos polvo* de Ramón.

W. O. Sí. Además, cada muestra contó con sus respectivas publicaciones. Esas exposiciones significaron mucho para nosotros como galería. Una vez más, demostraban nuestro empuje.

O. P. C. Te involucraste desde el minuto cero, facilitaste toda la información de la obra, conseguiste autores para los libros, lograste recaudar los fondos para el transporte internacional. Gracias a esas muestras viajé a San Juan por segunda vez y tuve el placer de conocer a los artistas y a Liliana Ramos-Collado. Experiencia que siempre te agradeceré.

W. O. El agradecimiento es mutuo. Al final, una década después, cumpliste tu palabra [risas].

O. P. C. Y en el 2015, otra vez te seleccionaron entre las mejores galerías del año en *Modern Painters*.

W. O. Estábamos en racha. Y hay que saber aprovechar las rachas favorables, el viento a favor no sopla siempre. Lo normal es ir contra viento y marea, porque somos caribeños, isleños y, encima, puertorriqueños.

Fue un reconocimiento que validó nuestro compromiso con la excelencia curatorial y el posicionamiento internacional del arte puertorriqueño.

O. P. C. Y en el 2016 repetiste, ¿no?

W. O. Sí, al año siguiente WOCA fue reconocida de nuevo, pero esta vez como una de las 100 mejores galerías de los Estados Unidos. Y ahí la cosa cambia, entramos en otro nivel. Para empezar, ya nos consideraron una galería estadounidense, consolidando nuestro lugar en el circuito artístico internacional y reafirmando el valor de nuestra propuesta desde el Caribe.

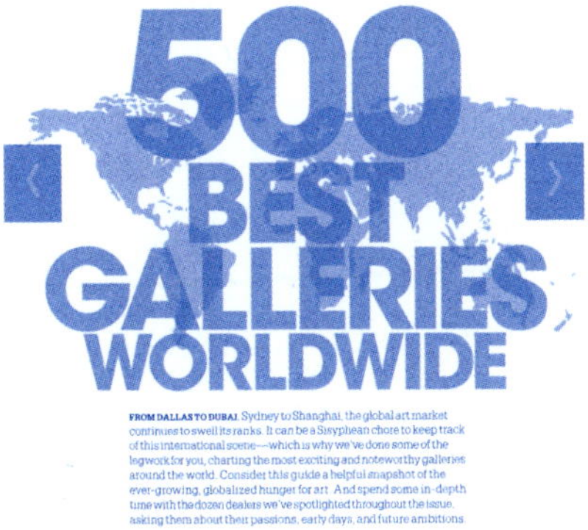

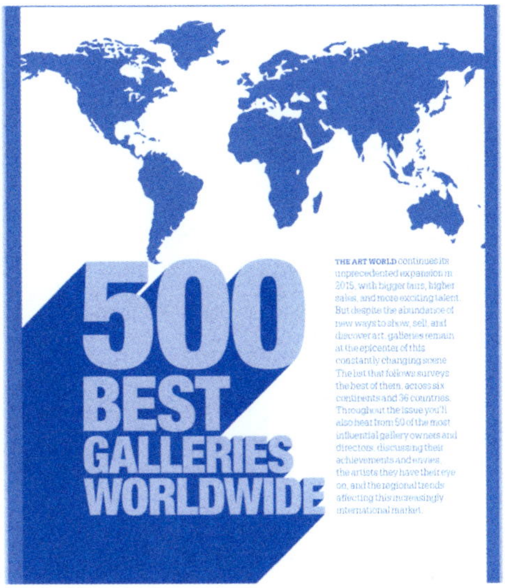

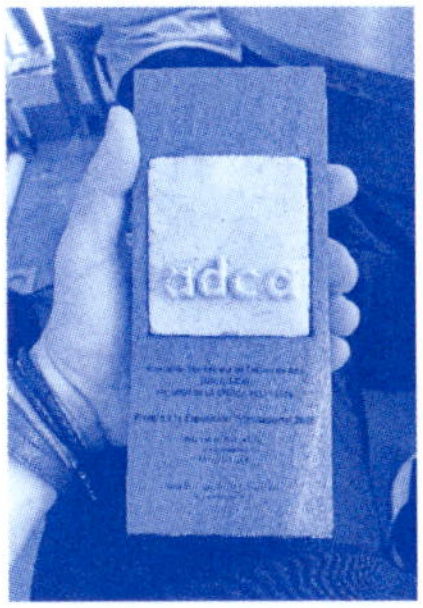

Premio a la Mejor Exhibición Internacional otorgado por AICA, 2016

O. P. C. ¿Ese no fue el año que hiciste *Polaroids* de Warhol?

W. O. No, esa fue en marzo de 2015. Fue la primera muestra individual del artista en Puerto Rico, incluyó cerca de cincuenta fotografías tomadas entre 1970 y 1987 con su icónica cámara Polaroid SX-70. La exhibición atrajo a una audiencia diversa y generó un diálogo vibrante sobre la fotografía como herramienta conceptual en el movimiento del *pop art*.

Además, ese año esta exhibición viajó al museo Bellapart de Santo Domingo; fue uno de los eventos más importantes de esa ciudad. Se ganó el premio de la exhibición internacional del año otorgado por la sede en República Dominicana de la AICA (Asociación de Críticos Internacionales).

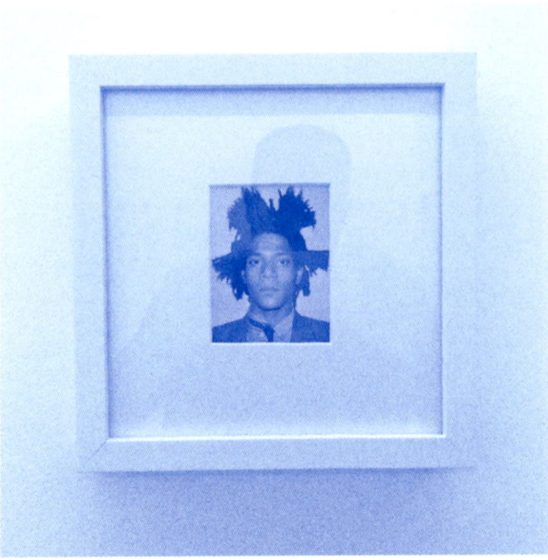

Basquiat: foto Polaroid de Andy Warhol en la muestra homónima, 2015

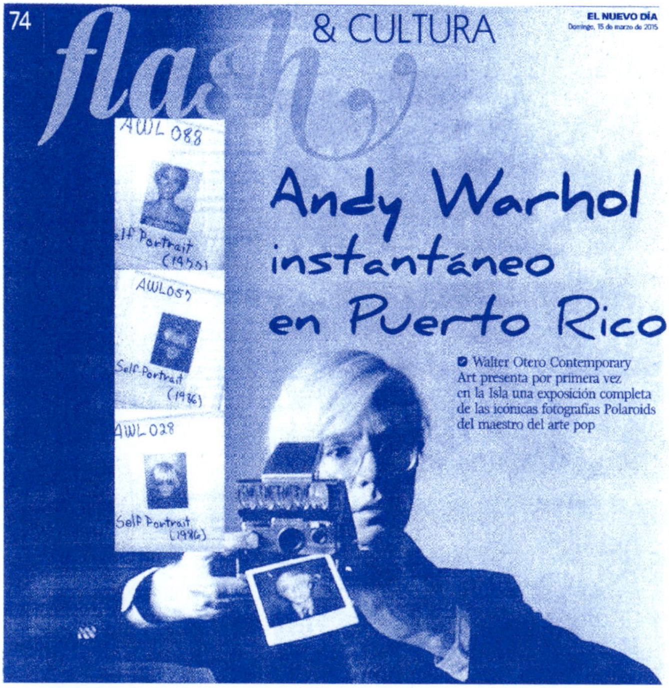
74

flash & CULTURA

EL NUEVO DÍA
Domingo, 15 de marzo de 2015

Andy Warhol instantáneo en Puerto Rico

Walter Otero Contemporary Art presenta por primera vez en la Isla una exposición completa de las icónicas fotografías Polaroids del maestro del arte pop

Portada del suplemento *Flash & Cultura* de *El Nuevo Día*, 2015

O. P. C. ¿Qué hubo con el 2016?

W. O. Igualmente, ese año se presentaron varias exhibiciones, entre ellas, una de Arnaldo Roche en GE Galería, en San Pedro Garza García, Monterrey. La muestra estuvo acompañada de un encuentro con los estudiantes de la Universidad de Monterrey en el auditorio del Centro Roberto Garza Sada de Arte, Arquitectura y Diseño, un edificio construido por el arquitecto Tadao Ando, que a Arnaldo le hizo mucha ilusión.

Unos meses más tarde, presentamos a Roche en la galería de la Universidad de Syracuse, con la exhibición *The Blue of Ruins*, curada por Liliana Ramos-Collado.

Cerramos el año en Berlín con la primera exhibición internacional de Jun Martínez, a quien comencé a representar en 2014. Bajo el título *An Ambush (Un emboscado)*, presentó una veintena de pinturas recientes en la capital.

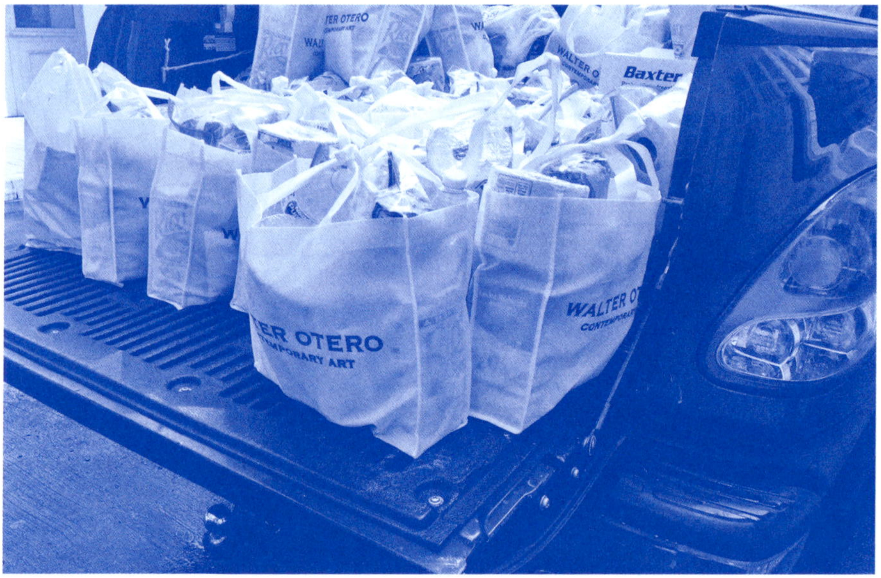

Ayudas a la población tras el desastre del huracán María, 2017

O. P. C. Menos mal que el 2016 fue muy activo, porque el 2017 fue un año catastrófico, con el paso destructivo por la isla del maldito huracán María. Hiciste mucho para ayudar.

W. O. El huracán María fue un desastre natural horrible, hacía casi un siglo que ningún huracán atravesaba la isla y la destrozaba de ese modo. Y por supuesto que estuvimos ahí.

Existe una idea generalizada de que el del arte es un mundo elitista e incluso frívolo, desconectado de la realidad. Y puede que sea cierto en algunos casos, pero no en el mío. Cuando vi la desesperación de mi pueblo, de familias que habían perdido su casa o su lugar de trabajo, intenté ayudar.

O. P. C. Pero tú ya venías desde hacía unos años haciendo un trabajo continuo de proyectos filantrópicos.

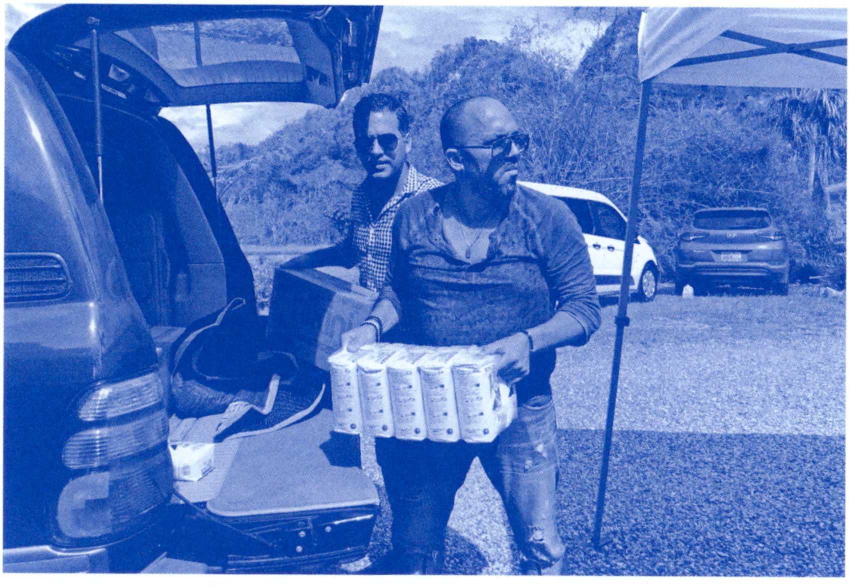

Ayudas a la población tras el desastre del huracán María, 2017

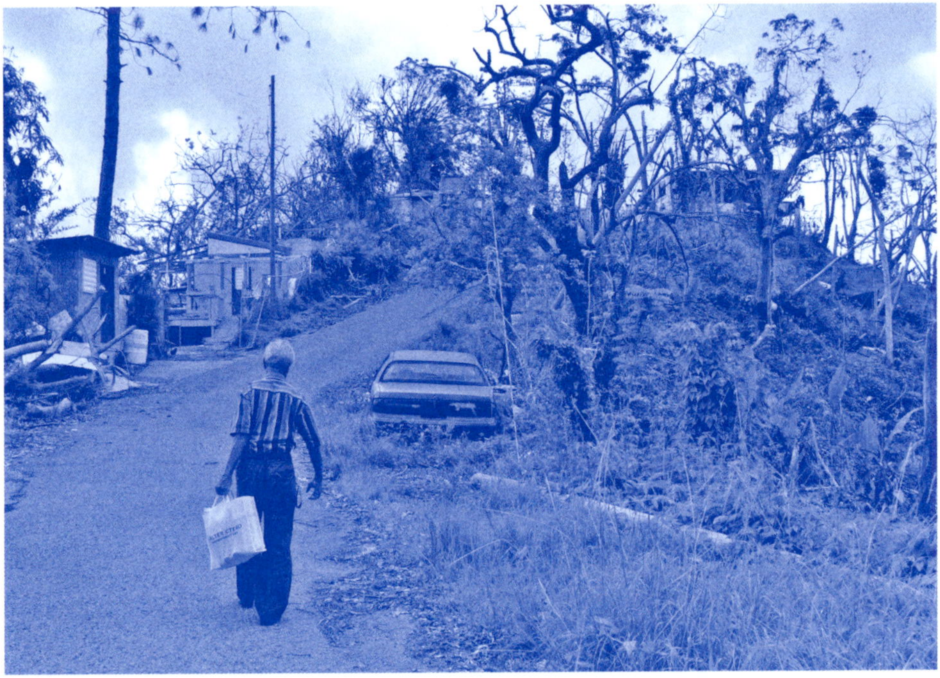

Ayudas a la población tras el desastre del huracán María, 2017

W. O. Sí, llevábamos años ayudando, pero esto era otra cosa. No era un caso puntual, era la mitad del país destruida.

O. P. C. Te recuerdo metiéndote a apoyar proyectos de salud. ¿Quizá porque tu misma salud te la miraste?

W. O. Bueno, no es exactamente así. Supimos que una persona muy cercana había sido diagnosticada con cáncer cerebral y nos vinimos abajo. De paso, nos miramos la salud, y me mandaron a bajar de peso, mucho, a reducir mi peso obligatoriamente. Y eso hice, comencé a cuidarme y, además, me centré en darles más importancia a algunos proyectos filantrópicos de ayudas para el desarrollo y el cuidado de la salud en la isla.

O. P. C. Creo que podemos decirlo. Entiendo que quieras ser discreto con este tema, la discreción te caracteriza, pero ya es público, Walter.

W. O. Sí, tienes razón, ya es público. Era Roche. Imagínate, mi vida se estremeció. El gran Arnaldo Roche Rabell, el hombre más íntegro e inteligente que había conocido, el culpable de que eligiese esta vida, mi mejor amigo, mi mentor, mi familia... tenía a la muerte rondándole.

Por eso quisimos ser discretos. Para no crear tristezas y circunstancias que le causaran más dolor al propio Roche. A ver, que todos nos morimos. Para morir solo hay que nacer y estar vivos. Pero un hombre como Roche representaba mucho para mí, mucho para la galería, mucho para sus amigos artistas, mucho para Puerto Rico. Y se nos iba a ir antes de tiempo.

Cambié el chip. Él volvió a ser el centro de mi *modus operandi*, si alguna vez dejó de serlo.

O. P. C. Los que te conocemos sabemos que Roche nunca dejó de estar en el centro, solo que ese centro tuyo creció... Aquello tuvo que ser un terremoto, de esos de los que te mueven todo el suelo.

W. O. Totalmente, fue un tortazo desestabilizador. A pesar de ello, Roche siempre tuvo ese instinto fraternal, de hermano mayor, y aun en su circunstancia se mostraba más preocupado por los otros que por sí mismo.

O. P. C. Tienes tú también ese instinto fraternal con los artistas jóvenes.

W. O. Puede ser.

O. P. C. ¿Y cómo te reinventaste entonces?

W. O. Mira, pasaban varias cosas a la vez, como siempre. Primero estaba esto de cómo irrumpieron las redes en nuestras vidas para simular gobernarlas. Y cómo lo virtual se apoderó de una parte de la experiencia del arte.

El mercado digital se disparó, abrieron nuevas páginas, surgieron nuevas *apps* hechas específicamente para el mercado, las casas de subastas, las ferias y las revistas. El mercado se diversificó globalmente en extremo. Apareció un nuevo grupo de potenciales coleccionistas, los nuevos músicos boricuas.

O. P. C. ¡Ah, claro! La segunda oleada del reguetón. Gente que con un *hit* en una plataforma digital obtenía un millón de visualizaciones y, por ende, su capital crecía exponencialmente.

W. O. Así fue. Tenía que atender las necesidades de Roche, como siempre hice, y, a la vez, reorganizarme. Y pensar en un futuro inmediato.

O. P. C. Te empezaste a vestir más casual, más cómodo. Abandonaste tus trajes de Hugo Boss.

W. O. Bueno, no los abandoné, es que cambió mi tallaje y tuve que renovar el armario.

O. P. C. El día que Hans Ulrich Obrist, uno de los curadores más importantes a escala global, actualmente director de las Serpentine Galleries de Londres, se subió a una charla con un traje gris, una camiseta blanca y unas zapatillas blancas, creo que aquella etiqueta más bien clasicona que se nos exigía desapareció para todos.

W. O. Exacto. Digamos que me subí a esa ola, más cercana, más como soy. He de reconocer que le cogí el gusto a lo de ir de etiqueta, con el traje de marca, colores planos, todo rollo *post-minimal*, tendiendo a clásico. Casi como un ejecutivo de bolsa. Pero, sinceramente, yo soy más este de hoy.

Un consejo para las nuevas generaciones: el *new money* odia el traje.

Un consejo para las nuevas generaciones: el *new money* odia el traje

O. P. C. Igual puede ser que ya no generas desconfianza, ya no eres un joven galerista tratando de venderle algún artista a un coleccionista que no te conoce. Eres Walter Otero.

W. O. Puede que eso influyese. Pero yo, en ese momento, necesitaba sentirme cómodo. Había mucho que hacer. Cuando el país se paralizó, primero ayudamos cuanto pudimos y luego nos movimos hacia el mercado internacional. Entre el 2016 y 2018 hicimos varias colaboraciones, creamos vínculos fuertes con República Dominicana, un país con un coleccionismo fortísimo. Allí dimos charlas educativas a estudiantes sobre la carrera artística y a coleccionistas sobre lo que significa el coleccionismo del arte contemporáneo actualmente.

O. P. C. ¿Y se abrió ese nuevo mercado con tu isla vecina?

W. O. Ya conocía mucho Dominicana. Pero por supuesto que abrimos mercado allí. Me encantan nuestros vecinos los dominicanos. Desde entonces, tenemos muchos proyectos entre manos con ellos.

O. P. C. En enero de 2016 muere el joven artista Punt18 (Philip Cruz Villegas), con quien estuviste muy vinculado.

W. O. Conocí a Punt cuando era estudiante. Le comisioné sus primeras obras sobre telas y le ayudé a producir sus primeras piezas escultóricas, una de ellas actualmente está resguardada en el MAPR.

O. P. C. Me orgulleció mucho escuchar hablar maravillas sobre ti a uno de los artistas urbanos más interesantes de nuestra generación en España, el gran Dani Muñoz, porque él era muy amigo de Philip y sabe que te hiciste cargo de sus últimos años como si fueses de su familia.

W. O. Me alegra sinceramente poder contribuir a quien necesite ayuda. Él era amigo y tenía una necesidad y allí estuvimos. Aunque claramente hubiese preferido que las cosas fueran diferentes.

O. P. C. Luego, dos años después, otro duro golpe. El 17 de noviembre del 2018 murió Arnaldo. Seguramente odias esa fecha.

W. O. No, no la odio, Arnaldo me enseñó que el amor era más importante que el odio. Odiar es un verbo que no asocio a Roche ni a mi vida. Sin dudas me jode la fecha, y cualquier otra cosa que me recuerde su pérdida también lo hace. Es doloroso que no esté entre nosotros esa persona que me abrió las puertas al arte, que no le pueda contar de los logros y que no se hayan logrado proyectos en los que estábamos trabajando. Por ejemplo, para cuando falleció, llevábamos ya unos tres años trabajando para realizar un *frottage* de un avión en un cementerio de aviones de Colorado. Y como este, varios otros proyectos de índole internacional. No reniego de la fecha, la tengo grabada para recordar los años que nos regaló nuestra amistad.

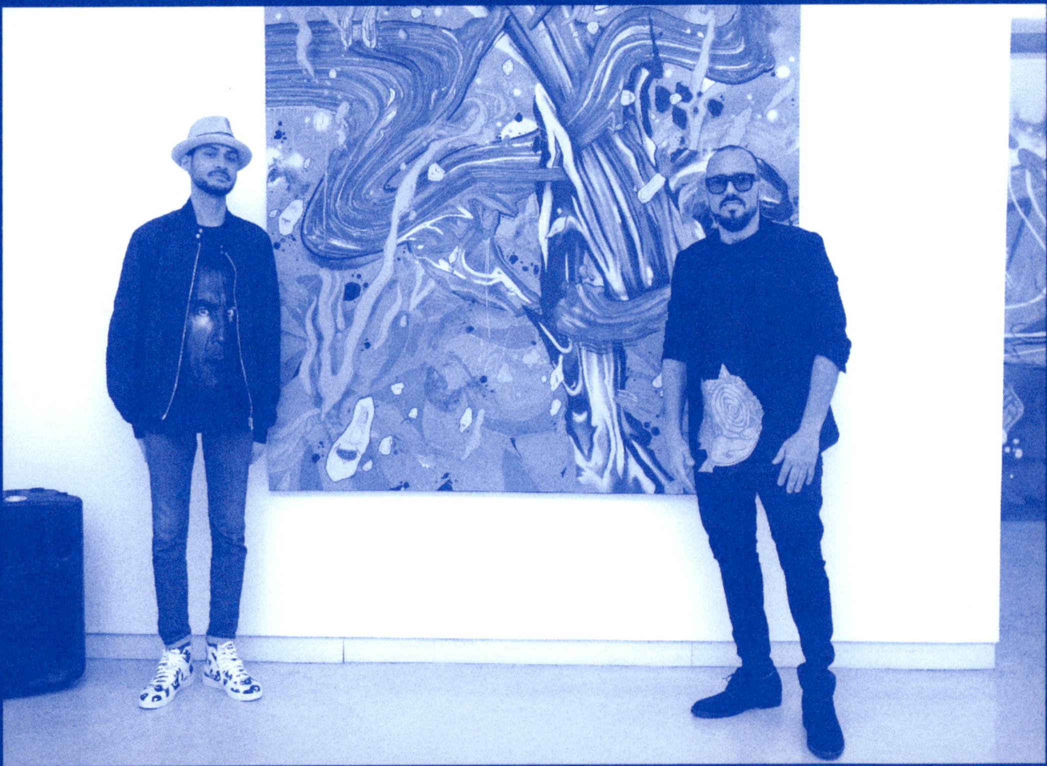

Junto a Punt18 en su muestra en WOCA, 2016

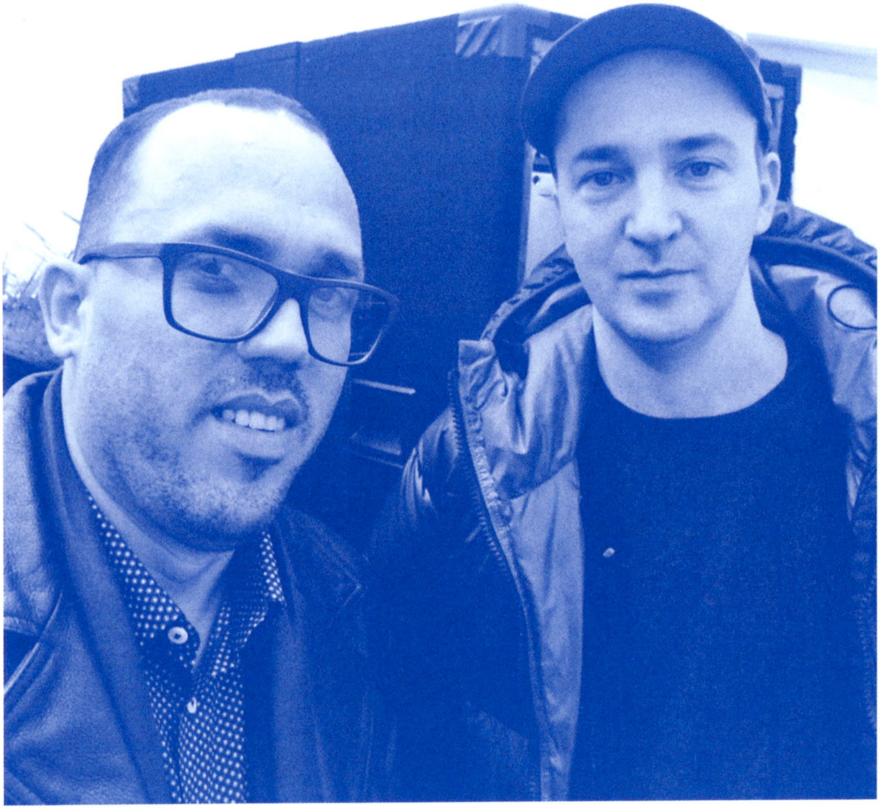

Walter Otero y KAWS, 2016

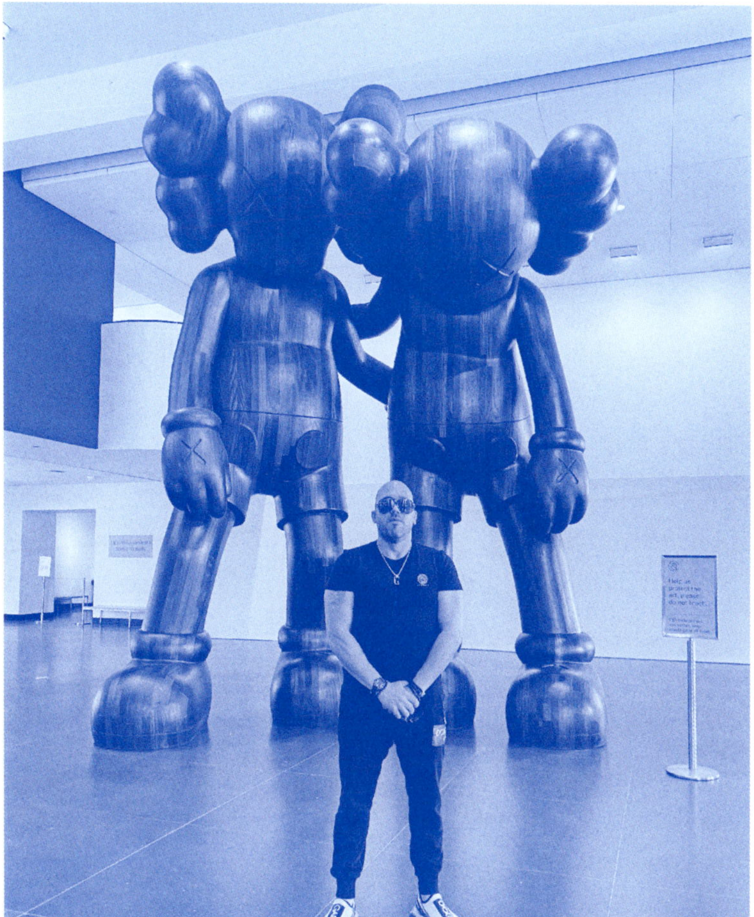

Frente a una escultura de KAWS, 2021

O. P. C. Luego llega el 2020 y el mundo se paraliza por la pandemia. Las desgracias, dice el refrán, vienen de tres en tres. No te dejaron pasar tu luto en paz.

W. O. Como todo el mundo, nos paralizamos, pero a los días, de manera natural, como terapia contra el posible aburrimiento, nos activamos virtualmente. Bastaban un teléfono y conexión a internet. Y a lo que hacíamos desde hacía dos décadas le pusieron un nuevo nombre: teletrabajar [risas]. Hicimos *lives*, asesoría telefónica y recomendaciones de páginas y libros.

O. P. C. Pensé lo mismo. Por no hablar de los famosos nómadas digitales, que llevaban otro par de décadas haciéndolo... Y ustedes, ¿cómo «teletrabajaron»?

W. O. Participamos en varias subastas asesorando a nuestra cartera de coleccionistas; les conseguimos verdaderas joyas. Algunas a muy buen precio.

O. P. C. Cuando dices varias, ¿a cuántas te refieres?

W. O. Una docena de subastas, mínimo. Hubo una sobreoferta de excedencias artísticas, se buscaban y aparecían rarezas, muchas piezas menores en apariencia, por su menor escala, pero que eran verdaderas joyitas. Muchas de estas habían participado de *shows* en museos. Apostamos por conseguir múltiples publicaciones especiales, ediciones de accesorios y colaboraciones.

O. P. C. ¿De ahí te vino lo de moda, arte y lujo?

W. O. Ya la moda la teníamos, *Vogue* nos había cubierto en varias ocasiones. Si te fijas, y sé que lo haces porque eres editor, a mediados de los noventa el arte entró fuerte en las revistas de moda y ha ido tomando paulatinamente cada vez más protagonismo.

Además, a los tres o cuatro años de abrir la galería las redes sociales cambiaron los sistemas de comunicación. Y con la invención televisiva de los *realities* cambió también la percepción de lo privado y lo público, y el lujo entró en nuestras vidas como un nuevo paradigma, algo deseable y alcanzable.

Pero, en nuestro caso, lo trabajamos más hacia septiembre de 2021, cuando ya podíamos reunirnos y visitarnos. La idea era transformar WOCA en un salón íntimo para celebrar una cena exclusiva en honor a la exhibición *Alianzas contemporáneas*, una colaboración especial con la casa de moda Dior. La muestra reunió obras de artistas como Gisela Colón, Daniel Arsham, KAWS y Kenny Scharf, proponiendo un diálogo entre el arte contemporáneo y la moda de lujo.

Para mí, esta alianza representó una nueva forma de expandir el alcance del arte, conectando diferentes disciplinas creativas (arte, diseño, moda) para acercar al público a experiencias estéticas que trascienden los formatos tradicionales.

En el trópico se brega diferente, trabajamos desde una noción de lo festivo como hábito nacional, creo que Puerto Rico es uno de los países del mundo con más días festivos. Hacer del arte una fiesta era una manera de acercarnos a nuestra idiosincrasia con naturalidad. La moda siempre es un buen pretexto para festejar la vida.

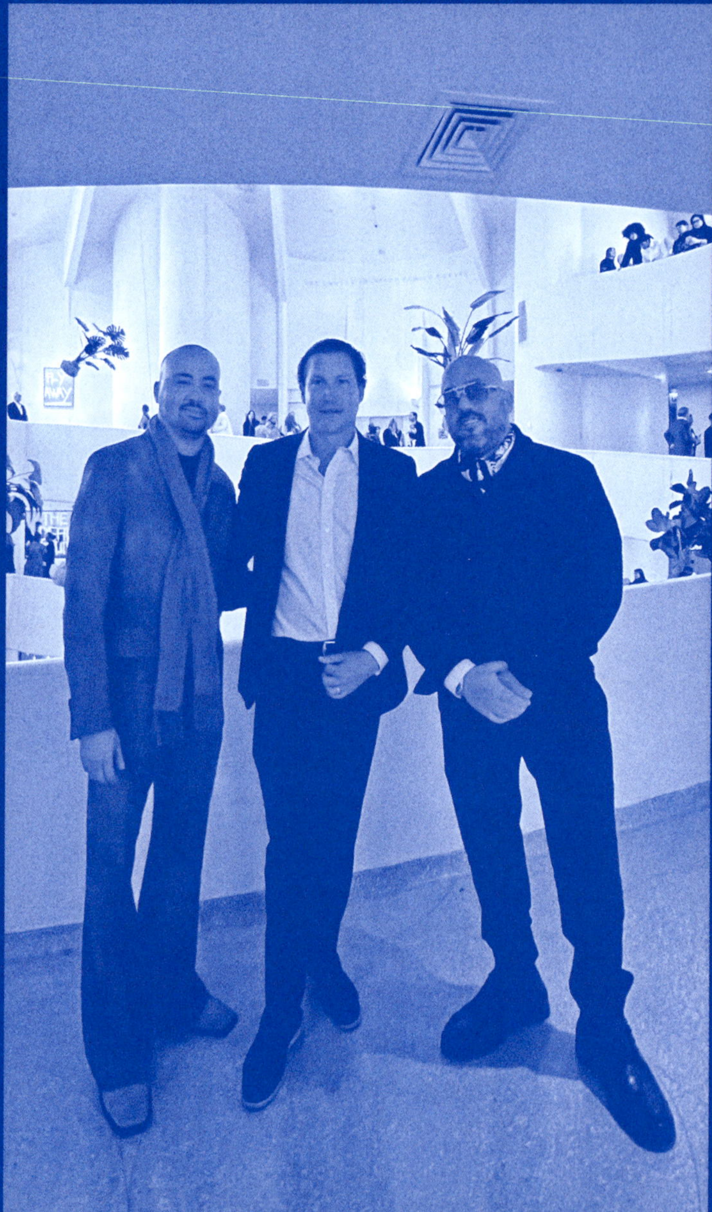

Ángel Otero, Vito Schnabel y Walter Otero, en el Guggenheim Museum, Nueva York, 2025

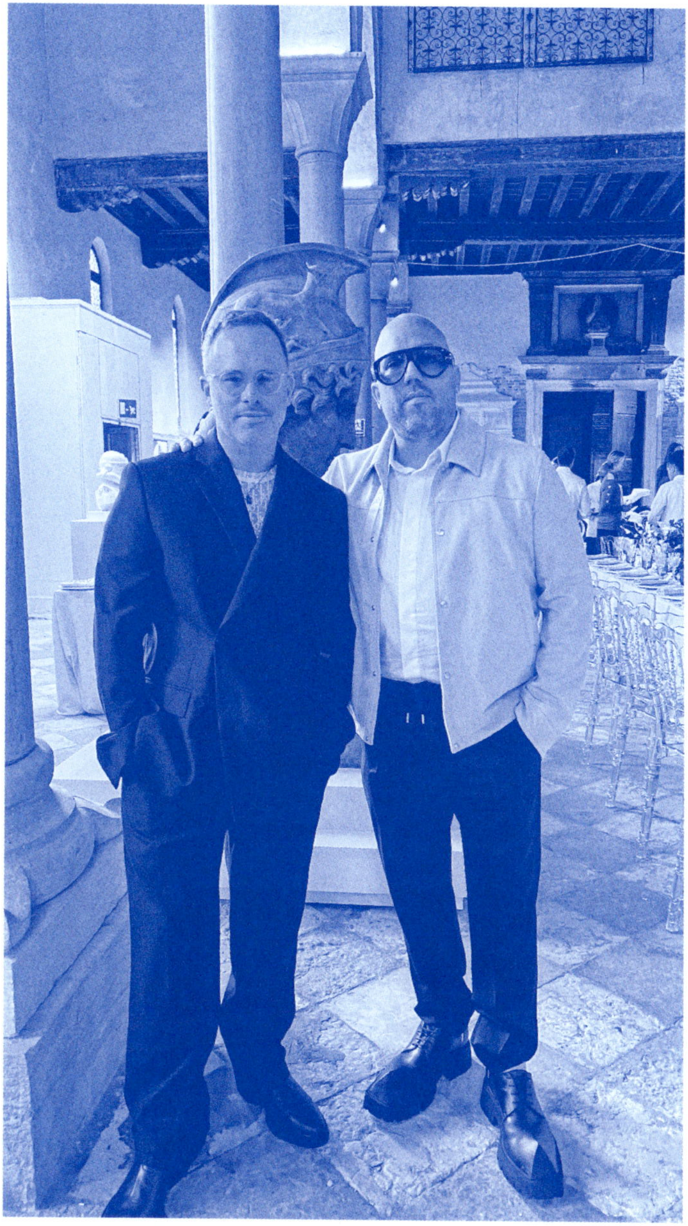

Daniel Arsham y Walter Otero en su pabellón de la Bienal de Venecia, 2024

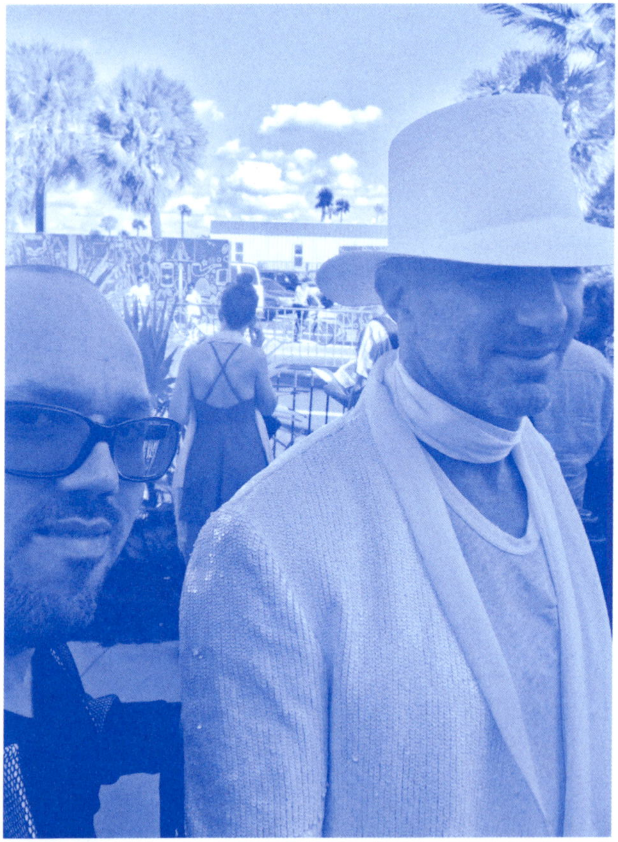

Walter Otero y el publicista, coleccionista
y filántropo Alan Faena, Miami, 2016

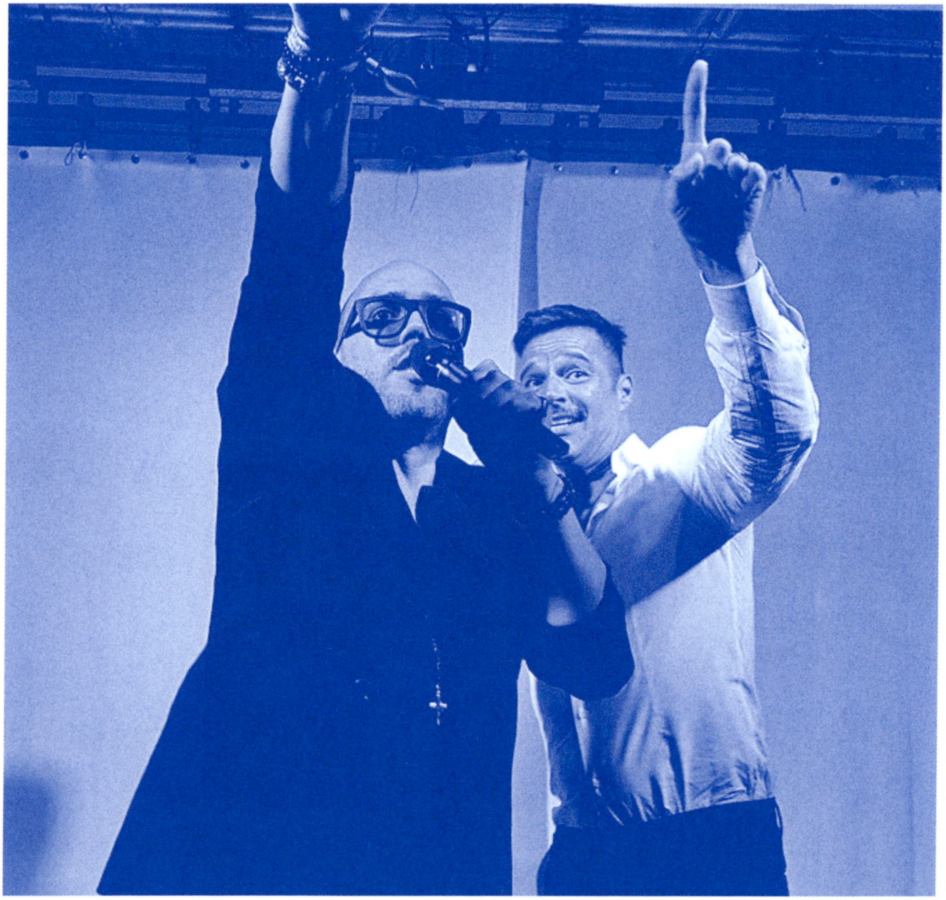

Ayudando en la subasta de la Fundación Ricky Martin, 2018

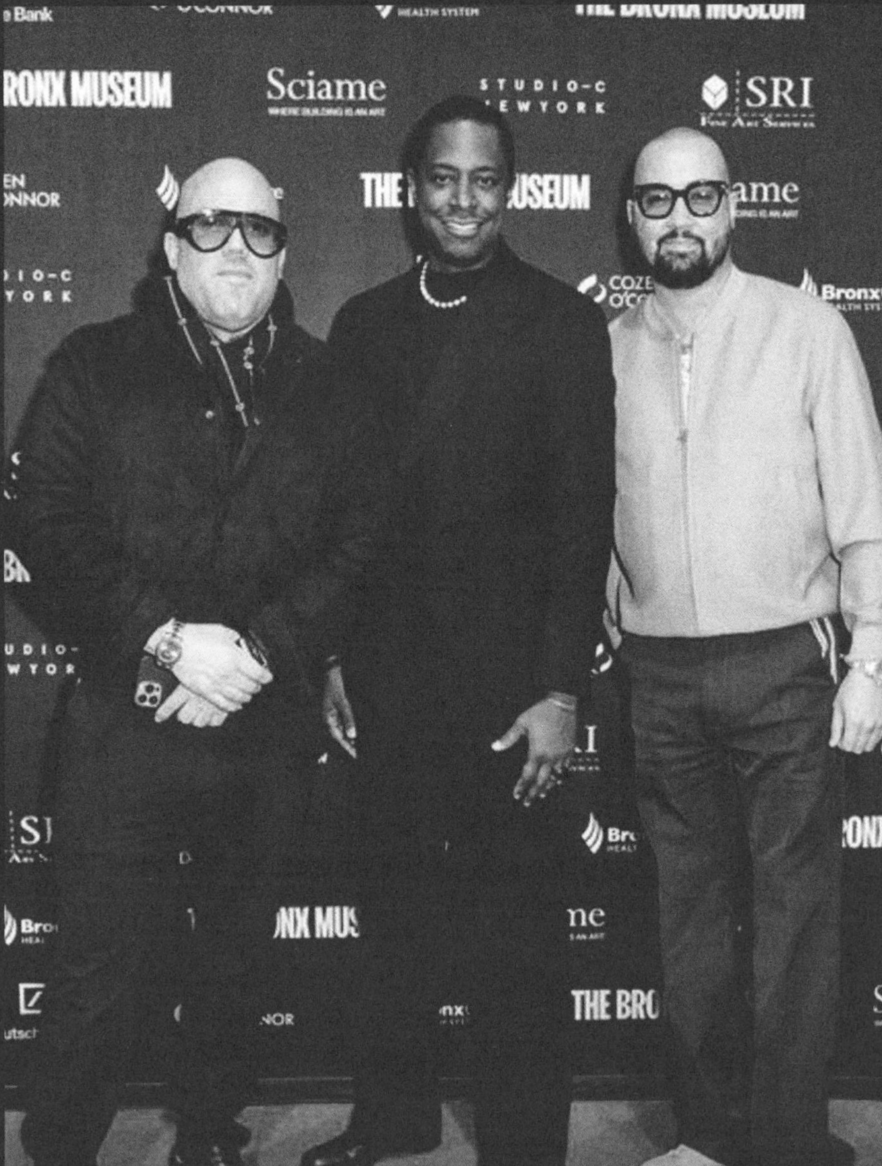

En la gala del Bronx Museum, con Sanford Biggers y Ángel Otero, 2024

O. P. C. Nosotros estamos dentro del mundo del arte y sabemos que esa fiesta eterna, esa obsesión por juntarnos, es parte del juego, parte del sistema. Pero desde fuera se ve frívolo.

W. O. Mira, desde fuera pueden pensar lo que quieran, pero es parte del juego, porque nuestra potencial clientela es muy probable que sea una celebridad, alguien que haya trabajado mucho y ahora goce del respaldo financiero para poder dedicarse a comprar arte o a apoyar proyectos de mecenazgo y filantropía.

Lo que sí es interesante es descubrir que, cuando te acercas a muchas de esas celebridades, son gente amable, muy profesionales, personas nada conflictivas. Más bien lo contrario, están deseando demostrar su generosidad, su amor por el arte y por nuestra cultura. Ese amor es un don. No veo nada superficial en ello.

Ten en cuenta que el arte da de comer a miles de personas, no solo a los artistas, galeristas, curadores o críticos de arte; también a montadores, transportistas, ayudantes, carpinteros, albañiles, periodistas o publicistas.

Gracias al arte he conocido a personas extraordinarias de campos muy diversos. Al final, todos los agentes que nos movemos en la cultura nos conocemos, o nos encontramos en un momento u otro, más tarde o más temprano. Hablo de productores, promotores, galeristas, profesores de arte, escritores, poetas, actores, directores de cine, dramaturgos, coreógrafos, bailarines, músicos...

Conocer gracias al arte a figuras como Daddy Yankee, René (de Calle 13) o Benito (Bad Bunny), a los arquitectos Zaha Hadid

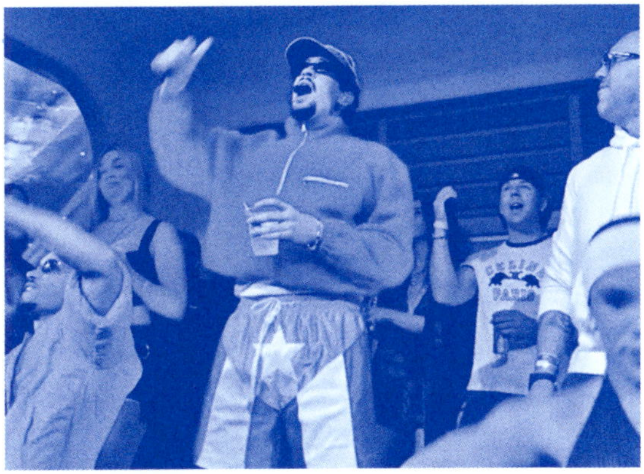

Junto a Bad Bunny en el *tour DeBÍ TiRAR MáS FOToS*, Puerto Rico, 2025

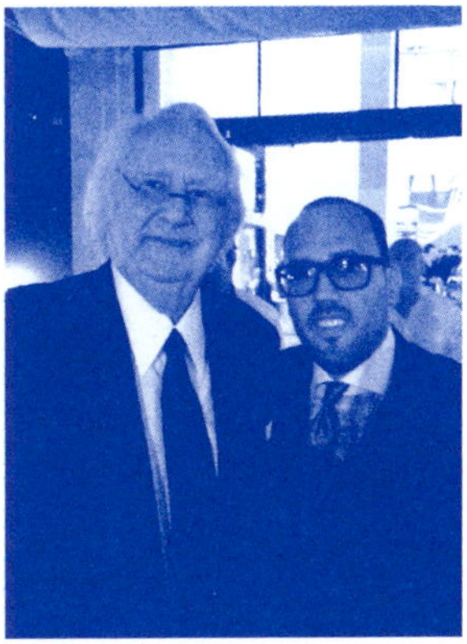

Richard Meier y Walter Otero, Nueva York, 2013

o Richard Meier, por nombrar algunos, y sentirnos parte de lo mismo, de una misma cultura, de una contemporaneidad interconectada: eso sí es un lujo. Es una de las partes más gratificantes del juego.

O. P. C. ¿No crees que impera cierto prejuicio que hace que la gente vea al mundo del arte o a toda la «fauna» de profesionales de la cultura como un grupo de ególatras excéntricos?

W. O. Puede que nos vean como los raros. Los soñadores, los ilusos, los utópicos. Sí, lidiamos con muchos egos especiales en nuestro día a día; si no fuesen así no serían lo suficientemente sensibles para generar la maravilla del arte. Ni tampoco sentirían el regocijo de coleccionarlo.

Para serte sincero, siempre he creído que un ego bien administrado es bueno para todos. Cuando el ego se respalda con hechos (léase: una obra sólida), ya no es arrogancia, es historia. Trabajar con esos egos igual forma parte del juego.

Trabajar con esos egos igual forma parte del juego

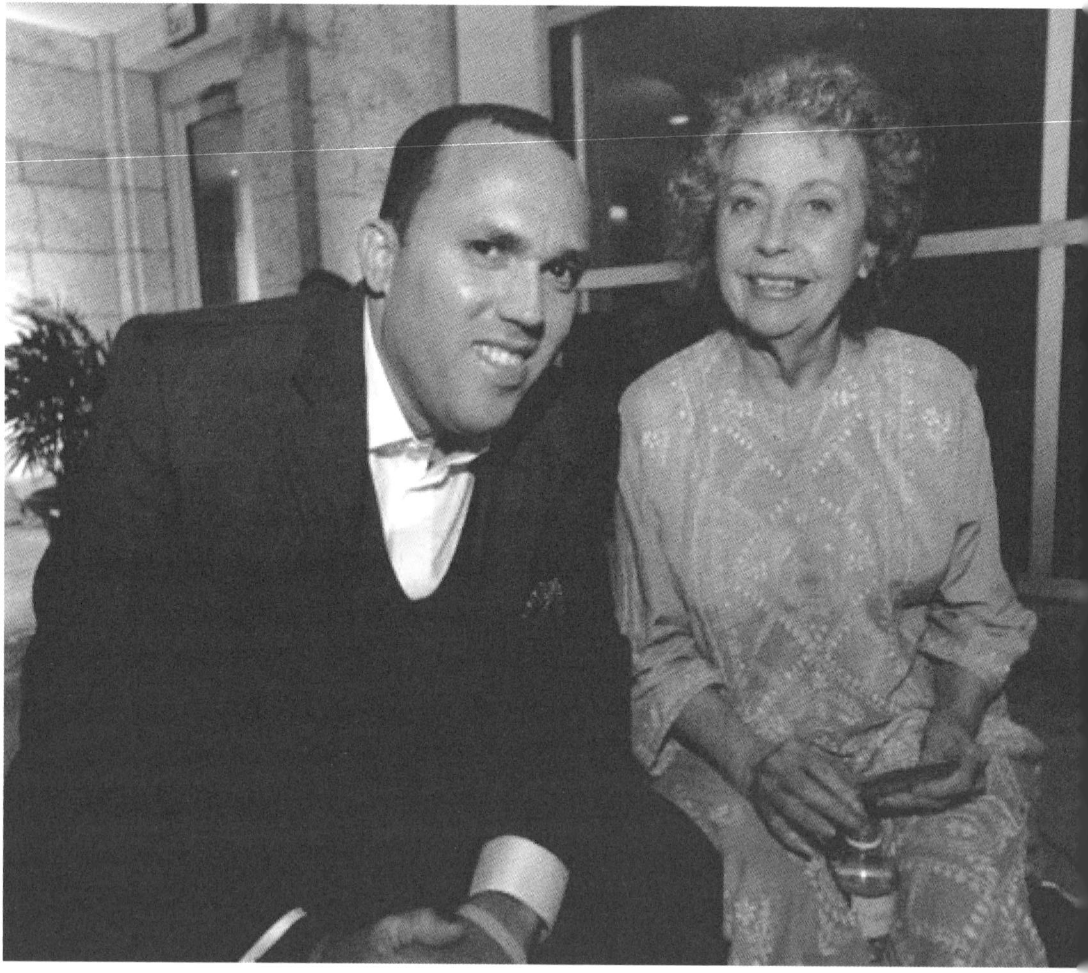

Walter Otero y Ultra Violet, modelo y musa
de Andy Warhol y The Factory, 2012

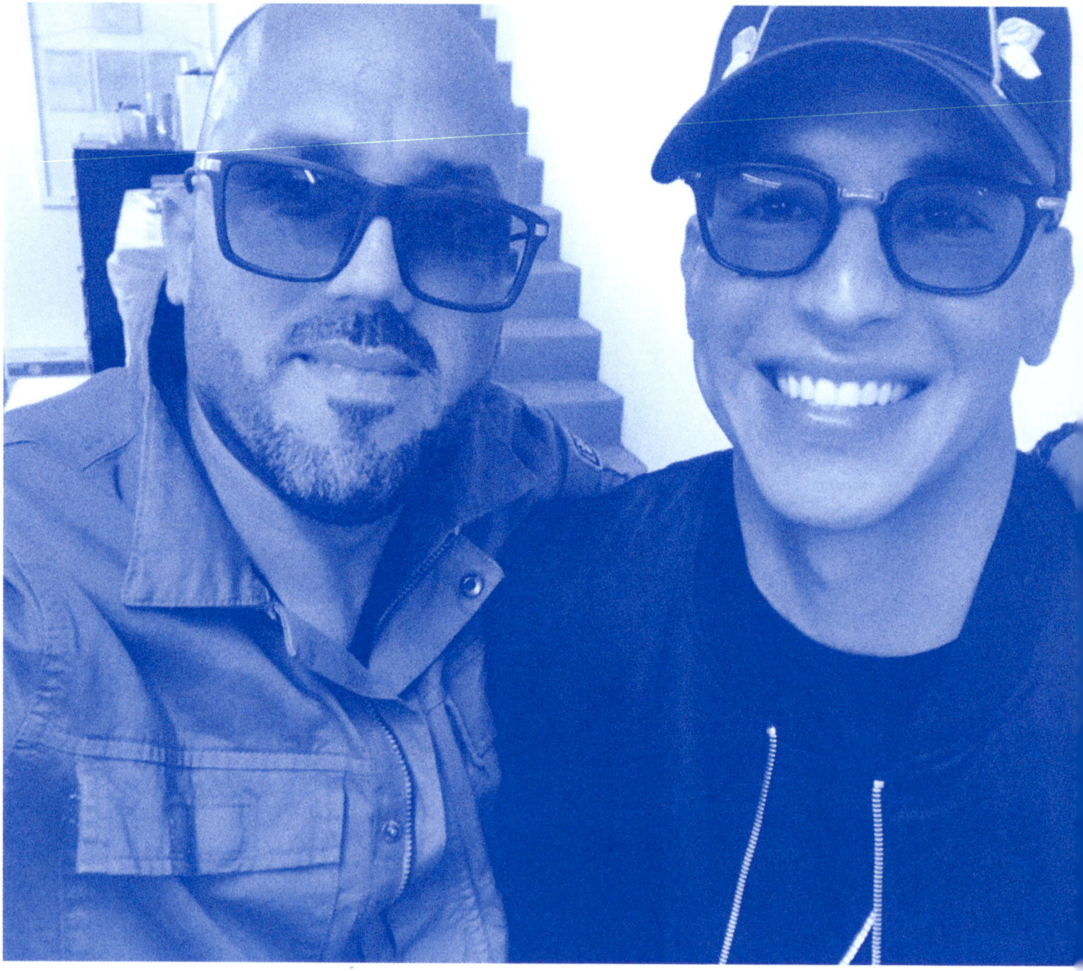

Walter Otero con el cantante y compositor
Daddy Yankee, una de las figuras más
importantes del movimiento de la música
urbana boricua, 2017

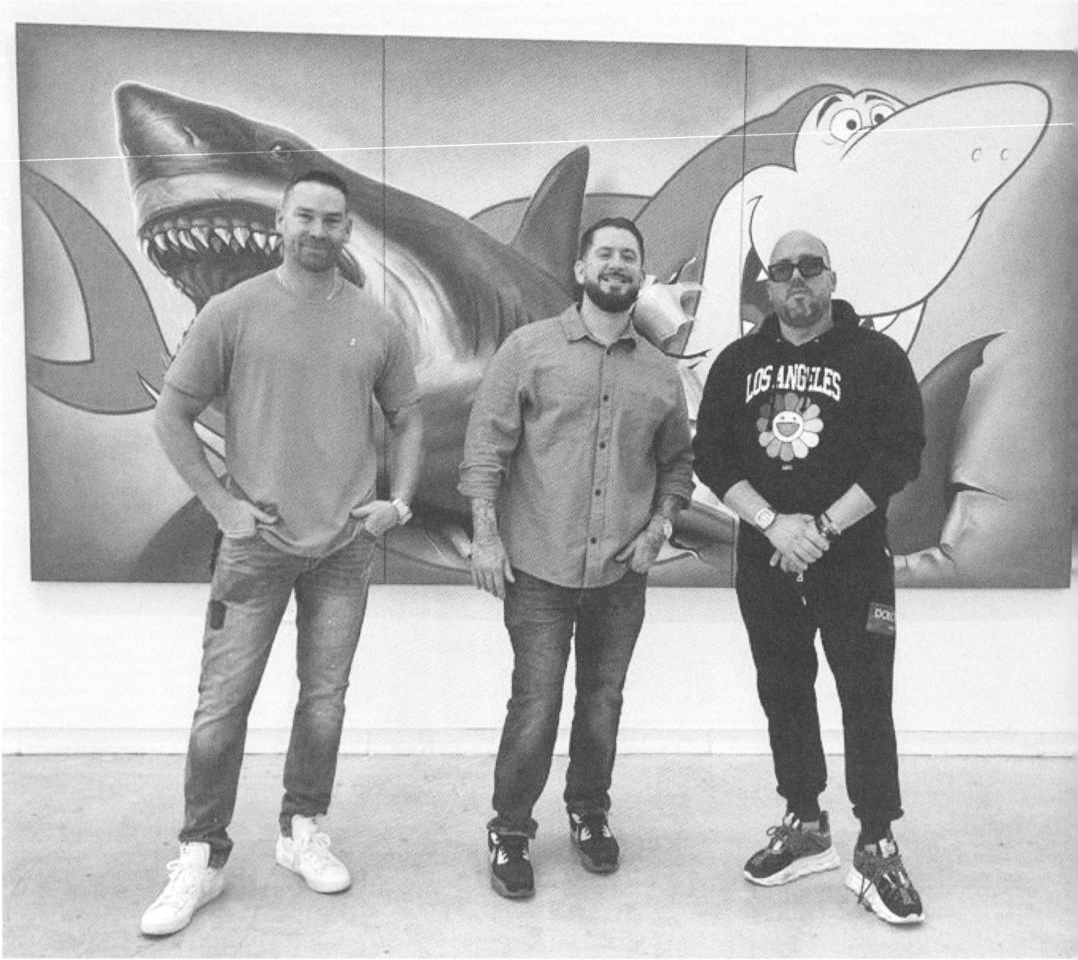
LOS ANGELES

Jaime Mayol, Juan Salgado y Walter Otero
en la muestra *Apropiación salvaje* en WOCA,
2024

O. P. C. También es parte del juego pensar en el arte como inversión. Eres de los pocos que hablan abiertamente de ese tema un poco tabú entre los puristas.

W. O. Es que no tengo otro remedio que hablarlo abiertamente.

O. P. C. ¿En qué sentido?

W. O. Al menos si quiero ser coherente con lo que he aprendido en el transcurso de varias décadas dedicadas al mundo del arte. Hablar claro sobre cómo el valor económico del arte es exactamente eso, un valor, en la mayoría de los casos en alza, es importante para mirar a la cara a mis clientes, a mis colegas y a los artistas sabiendo que hice mi trabajo. Les informé, les dije sin miramientos en qué y en quién invertir su dinero, en función de sus intereses y ajustándome a sus presupuestos.

Mucha gente cree que el arte es solo un lujo de gente rica a la que le sobra el dinero, pero no tiene por qué ser así. Invertir en un joven artista en alza no implica un gasto desorbitado, mucho menos si te compras un papel, una gráfica, un múltiple o una obra de pequeño formato. Eso sí, es muy probable que, más tarde o más temprano, esa inversión te dé una grata sorpresa si la carrera de ese o esa artista se dispara.

Tener la información de cómo y cuándo se van disparando algunas de esas carreras gracias a los pasos que dan sus protagonistas, y compartirla o no, igual es mi trabajo. Lo que pasa es que la vía de acceso a esa información no solo es una, como creen las nuevas generaciones: no todo está en internet. En muchos casos, es producto de años de observación y, por tanto, es fruto de deducciones. En otros, es porque sabemos de acontecimientos que marcarán un parteaguas, un antes y un después, no solo en la carrera del artista en cuestión, sino, a veces, hasta en la historia de la institución o incluso en la historia del arte.

O. P. C. Como cuando sabes que un curador importante le hará una muestra retrospectiva en un museo a un artista. O cuando salta la noticia de que entra en una colección.

W. O. Pero es que, a veces, los que nos movemos de este lado del telón del mundo del arte, los que trabajamos en la tramoya detrás del escenario, nos enteramos antes de estos acontecimientos o hitos.

O. P. C. Eso que en el mercado bursátil algunos llamarían información privilegiada.

W. O. Exacto. Por eso prefiero decirlo con claridad, para que después no me digan: «Esto no me lo dijiste». También está claro que el arte es mucho más que su valor económico. A esos otros valores se aferran los puristas para atacar nuestro trabajo como galeristas, pero yo defiendo que los artistas tienen que tener la dignidad de poder vivir de su obra, más allá de las administraciones públicas. Es mi labor, entonces, explicar y educar a quien se interese sobre la importancia del valor espiritual, material, artístico y patrimonial del arte, pero también de su valor económico. El arte se ha convertido en uno de los mejores diversificadores de activos financieros de las últimas décadas. Si no fuese así, el mercado del arte no hubiese crecido exponencialmente en el siglo XXI. Decir lo contrario es, de alguna manera, ingenuo en este presente.

O. P. C. Cierto. Y cierto es el hecho de que hay saberes que únicamente los propicia una intuición aguda y entrenada. Ahí radica el poder del galerista, en su capacidad de legitimación.

W. O. Y su apuesta. Ahí está también puesta su inversión, de dinero y conocimiento, por no hablar de todo el trabajo de soporte dilatado en el tiempo que hacemos.

O. P. C. A los que estamos muy metidos en el mundo del arte, y hemos resistido el tiempo suficiente, nos satisface muchísimo ver cómo crece un artista de tu mano. Por ejemplo, tú estás muy orgulloso del crecimiento de Ángel Otero.

W. O. Sí, Ángel es un prodigio. Y lo vimos crecer desde muy joven. Y seguimos con él, hombro con hombro.

O. P. C. ¿Cuánta diferencia hay entre el primer Ángel que vendiste y el último?

W. O. La primera obra suya de gran formato, un dos por dos, se la vendí al gran Chilo Andreu, un coleccionista con un ojo excepcional, por unos tres mil quinientos dólares. La última, en su muestra personal de Hauser & Wirth, en Los Ángeles, rozó los trescientos cincuenta mil.

O. P. C. ¿Cuánto tiempo pasó de una venta a otra?

W. O. No llega a veinte años.

O. P. C. ¿Esto te ha sucedido únicamente con artistas tuyos?

W. O. No, me pasa mucho más con otros artistas internacionales. Por ejemplo, en Art Basel Miami del 2009, le recomendé a un coleccionista amigo, con el que estaba trabajando para fortalecer su colección, que se comprase un Adriana Varejao, la excelente artista brasileña que trabajaba con mi colega Rachel Lehmann de Lehmann Maupin, la galería neoyorquina con sede en Seúl y Londres. Se la recomendé, primero, porque la obra era una exquisita extrañeza: Adriana llevaba mucho tiempo sin entregarle pinturas a su galería, porque llevaba años enfrascada produciendo obra escultórica de gran formato o instalaciones. Segundo, porque sabíamos que Larry Gagosian llevaba un tiempo rondándola y, si ese fichaje ocurría, si se hacía realidad y pasaba a formar parte de la lista de artistas representados por esa prestigiosa galería (Gagosian es una maquinaria imbatible), su obra se dispararía.

El coleccionista no estaba muy convencido, porque cien mil dólares ya le parecía muy caro. Pero cinco años después, cuando la subastamos en Londres y la pieza alcanzó las setecientas veinte mil libras esterlinas, casi un millón de dólares en ese entonces, estuvo muy contento y agradecido de haberla comprado en su momento. ¡Ojo!, que la vendió porque tampoco es que fuese su favorita.

Ahora mismo, una obra igual o similar no la consigues por menos de un millón.

O. P. C. ¡Casi un millón! ¡Uf! ¡Tremendo acierto!

W. O. Pues sí. A ver, es obvio que la legitimidad y el prestigio de una galería hoy día radica en atesorar ese tipo de aciertos. Equivocaciones todos cometemos; aciertos, solo unos pocos.

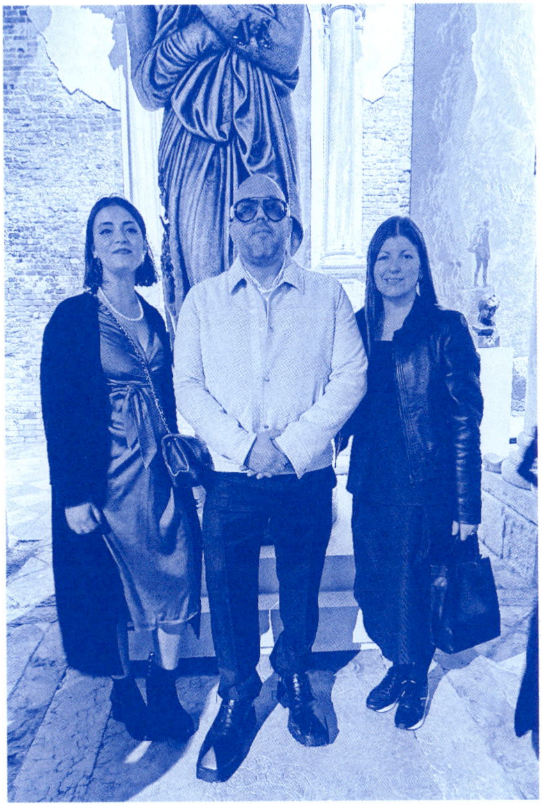

Junto a las curadoras y *advisers* Maylin Pérez y Elisa Carollo, 2024

O. P. C. Y hablando del juego... ¿Por qué ya no vas a ferias?

W. O. Creo que no las necesito. Lo que no significa que no trabaje con ellas.

Como galerista, me mantengo constantemente al tanto de las principales ferias de arte internacionales, ya que son plataformas esenciales para el diálogo global y el fortalecimiento del coleccionismo.

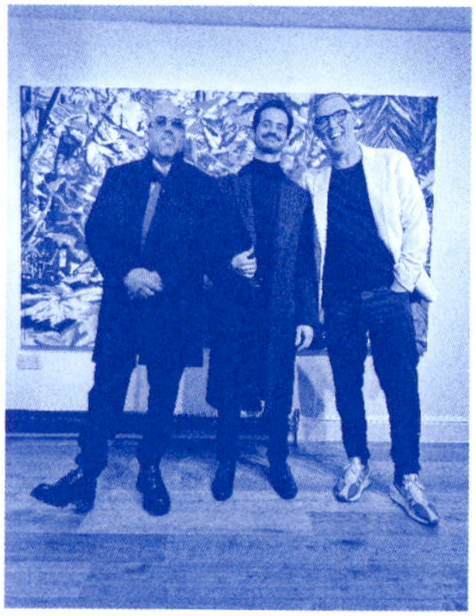

Walter Otero, Jun Martínez y Matt Carey-Williams en su primera muestra individual en Londres, 2025

Cada año, visito activamente Art Basel Miami Beach, una de las ferias más importantes del hemisferio occidental. Para ello, organizamos recorridos y experiencias culturales para nuestros coleccionistas.

Estando en cada ciudad ferial (como Miami, Ciudad de México o Madrid), también participamos en *studio visits*, cenas privadas y recorridos curatoriales que permiten enriquecer la mirada sobre el arte contemporáneo.

Para mí, estas iniciativas son parte de un compromiso más amplio: expandir el alcance del arte puertorriqueño y fomentar una comunidad de coleccionismo informada, apasionada y conectada con las tendencias globales. Y, de paso, esta estrategia es un gesto de respeto hacia mis colegas galeristas con los que ya hemos hecho tratos para llevar a nuestros artistas a esas ferias. Por ejemplo, con Iturralde llevamos a Roche a L.A. International, la feria californiana; con Leyendecker llevamos a Jun a ARCO y a Estampa, y con A Ciegas llevamos a Ana Sofía a JustMad. Participar nosotros como galería en alguna de esas ferias sería anular ese trabajo anterior e invadir sus ciudades o mercados, una especie de traición, un oportunismo poco elegante.

O. P. C. ¿Alguna vez te has sentido traicionado tú?

W. O. Sí, aunque más que traicionado diría decepcionado. Sin darnos cuenta, a veces ponemos demasiadas expectativas en las personas, y no todo el mundo tiene la determinación —ni la obligación— de cumplirlas, porque cada uno tiene las suyas. Y, evidentemente, no siempre coinciden.

O. P. C. ¿No se te ha ido nunca un artista que no querías que se te fuera?

W. O. Sí, pero es lo que hay. Y lo he respetado. Hasta con el tiempo sigo orgulloso de sus logros; sé que en algún momento reconocerán que hice mucho por ellos.

O. P. C. Danos un nombre.

W. O. No... Solo un nombre sería injusto. No hay que darle más importancia de la que tiene. Estamos aquí de paso. Es normal que un artista quiera abrir sus fronteras profesionales. Sabemos que Puerto Rico es solo una isla en el Caribe. Para algunos puede ser limitante. Lo que me llega a molestar, o lo que siento como una traición, es que el artista no me hable de ese malestar, de ese «sentirse limitado», y enterarme por las redes de que ya anda buscándose la vida por otros lares. Es desagradable.

O. P. C. ¿Te molesta que se busquen la vida por otros lares sin avisarte?

W. O. Es que se pueden cargar un trabajo de años con una sola mala elección. Construir una carrera es un trabajo de compromisos adquiridos juntos, el *team* WOCA y sus artistas. Si algún artista por su cuenta toma una mala elección o hace una propuesta endeble en otro lugar, aunque no seamos responsables de sus decisiones ni de las decisiones curatoriales del otro espacio, nos repercute.

O. P. C. Eres de los pocos galeristas que conozco que mantiene muy buenas relaciones con directores y directoras de museos norteamericanos que son de origen latino.

W. O. Eso ha sido fruto de un largo proceso de colaboraciones con aquellos directores de museo que se han interesado en el arte latinoamericano o que nos han solicitado en algún momento nuestra colaboración. Me parece algo natural y lógico. El idioma, algo del gusto y cierta narrativa de identidad nos une.

Algunas son puertorriqueñas, como Mari Carmen Ramírez, directora del Houston Museum of Fine Art, o Lourdes Ramos, directora del MOLAA de Los Ángeles. Otros mexicanos, como

Luis Vidal, Walter Otero, Ignacio Lang, Ángel Otero, lo Carrión y José Lerma en una fiesta de WOCA en el Bass Museum durante Art Basel, 2012

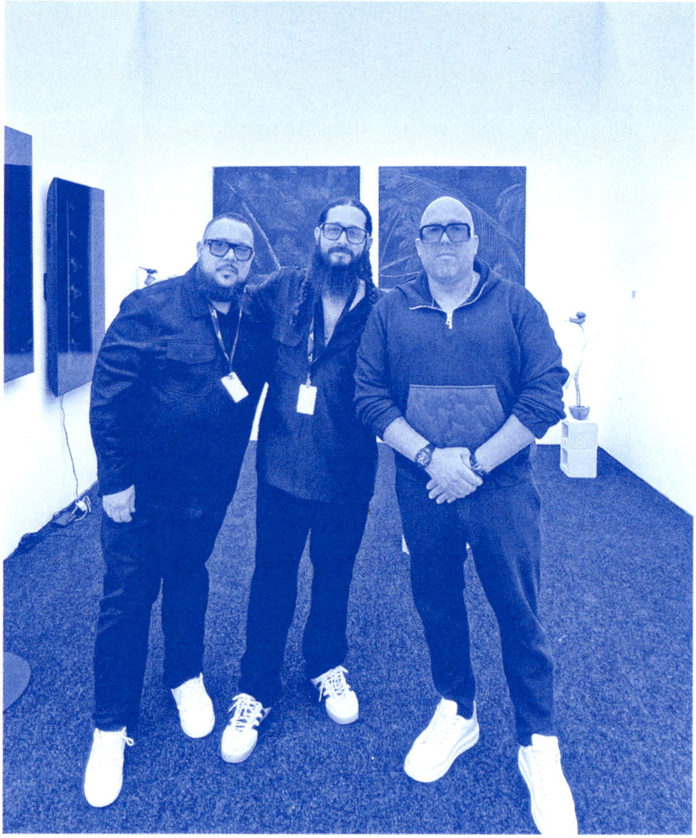

Karlo Ibarra, Yiyo Tirado (los artistas gestores de El Kilómetro) y Walter Otero, 2023

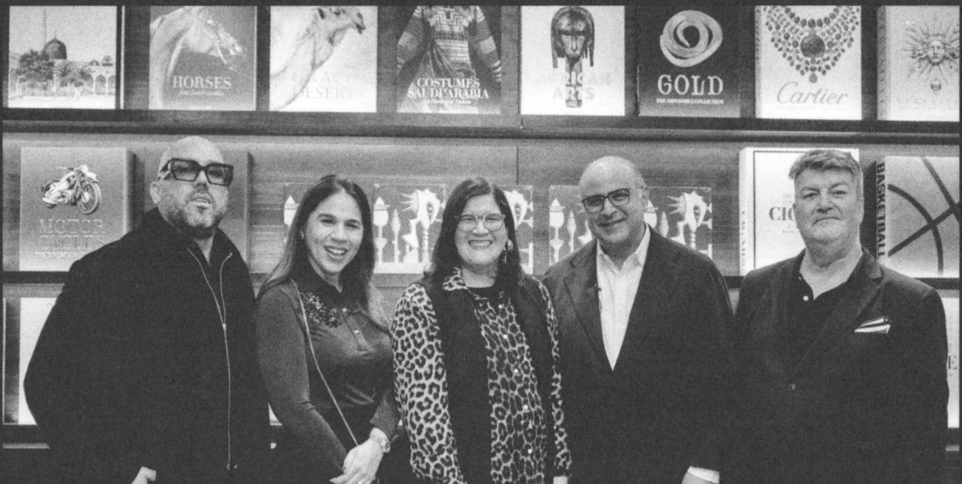

Junto al equipo del Pabellón de la República Dominicana en Venecia, 2025

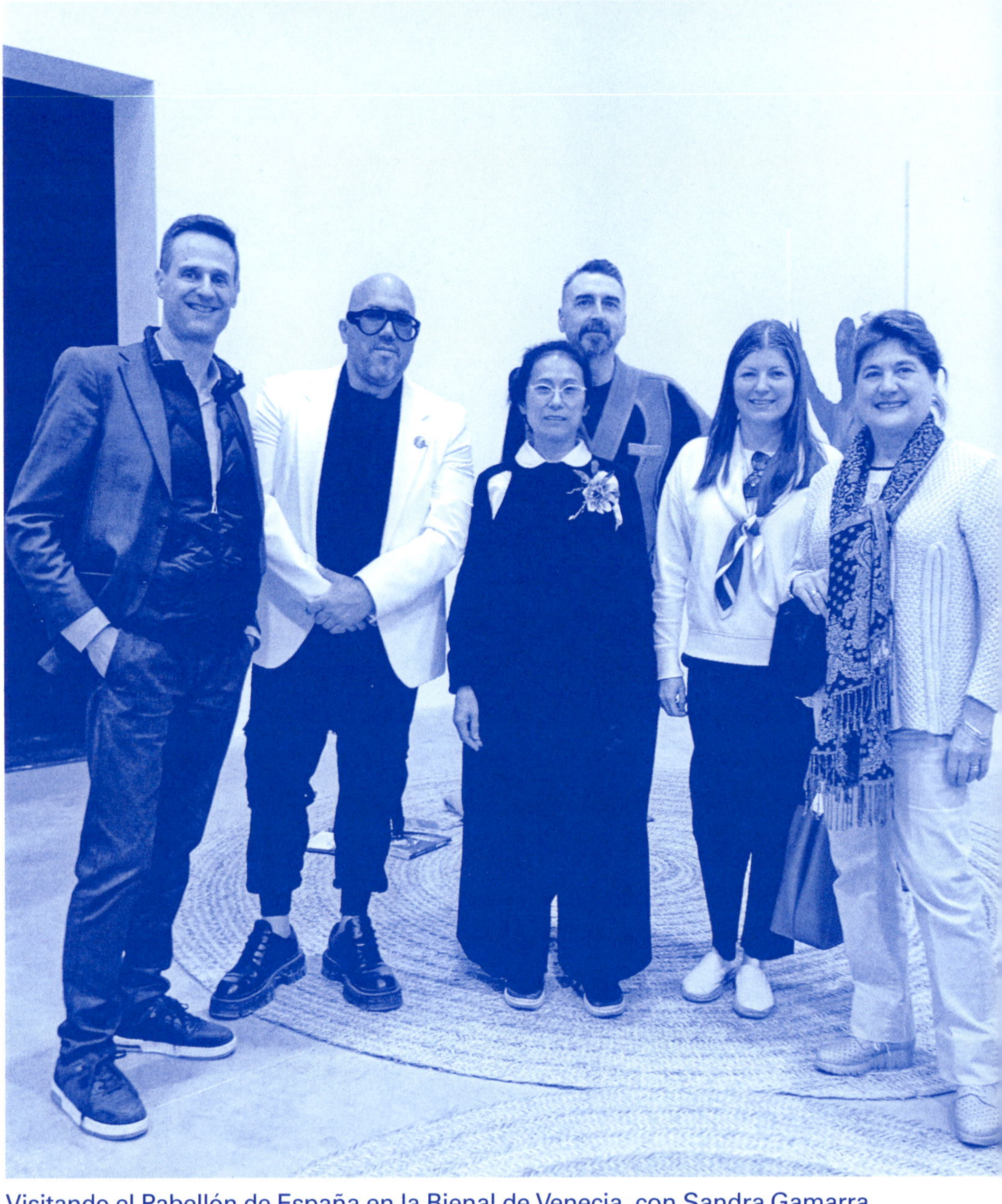

Visitando el Pabellón de España en la Bienal de Venecia, con Sandra Gamarra, Agustín Pérez Rubio y Maylin Pérez, entre otros, 2024

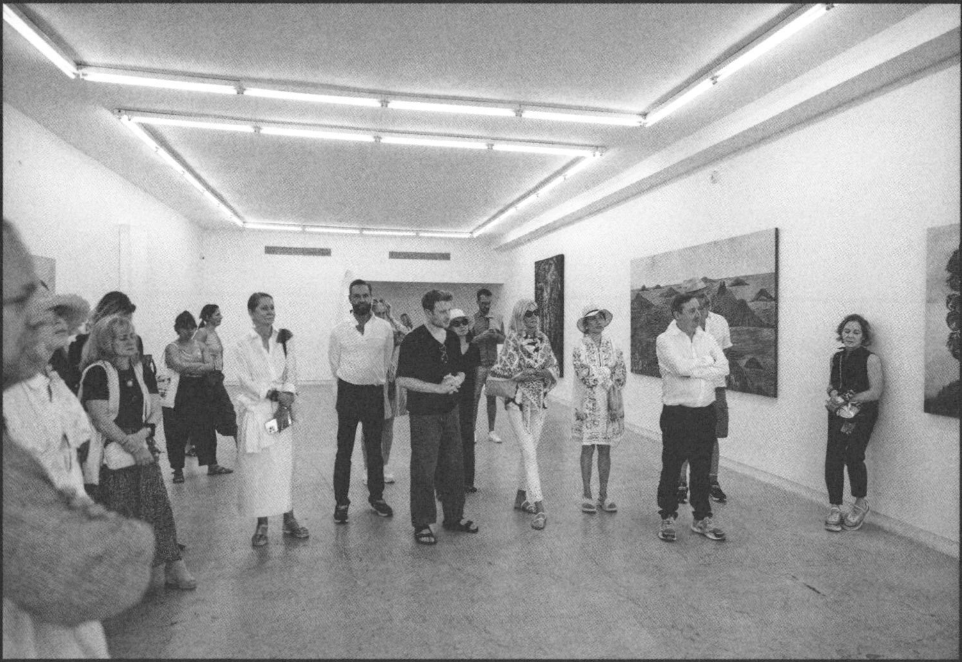

Visita del equipo latinoamericano de la Tate Modern a la muestra de Ana Sofía Batlle *Madreselva*, en WOCA, 2025

Agustín Arteaga, que ha sido director del Museo Nacional de Arte (MUNAL) de Ciudad de México o del Dallas Museum of Art. También cubanos, como Elvis Fuentes, actual director del Coral Gables Museum, o Silvia Karman Cubiñá, la directora de The Bass Museum de Miami, que vivió años en San Juan.

Su amor por Puerto Rico es incondicional. Sería un absurdo no trabajar en mantener ese amor. Para mí, estar en sintonía con estos espacios es esencial para construir una plataforma cultural sólida, dinámica y global.

O. P. C. ¿Cuáles son los últimos proyectos institucionales gestados desde WOCA?

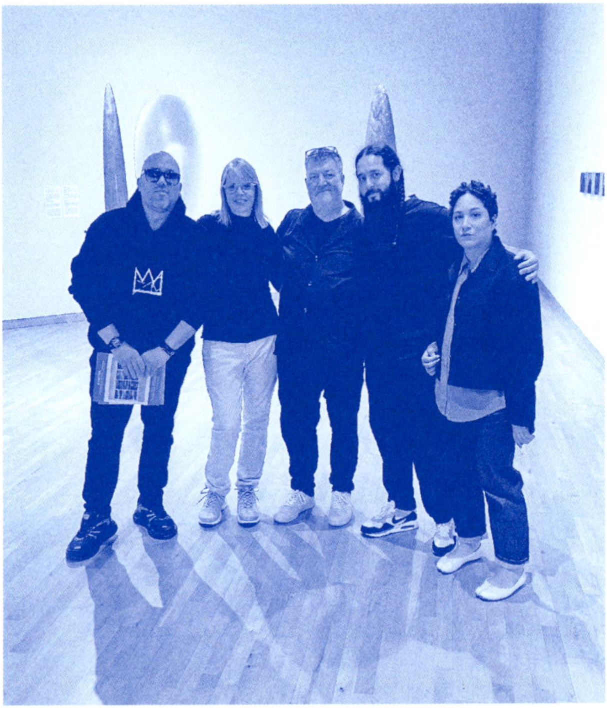

Walter Otero, Gisela Colón, Christian Viveros-Fauné, Yiyo Tirado y Lucía Hierro en el Museo de Arte Contemporáneo de Tampa, Florida, 2025

W. O. La primera muestra personal de José Lerma, bajo el título *Relator con amargura*, en el MAPR, inaugurada en septiembre del 2024, y la segunda exposición institucional, primera en un museo en Puerto Rico, de Jun Martínez, bajo el título *Hermano de las flores*, en el Museo de San Juan, recientemente abierta este verano del 2025. También estamos apoyando la primera exhibición institucional de Gisela Colón en el Museo de Arte Contemporáneo de Puerto Rico para la primavera del 2026.

El noviembre pasado recibimos con entusiasmo la grata visita del *team* latinoamericano de la Tate Modern en San Juan. Y estamos muy involucrados con la presentación del primer pabellón nacional dominicano en la Bienal de Venecia, de la mano del gran surrealista caribeño Iván Tovar, con varias publicaciones especializadas respaldándolo, bajo la dirección curatorial de Christian Viveros-Fauné.

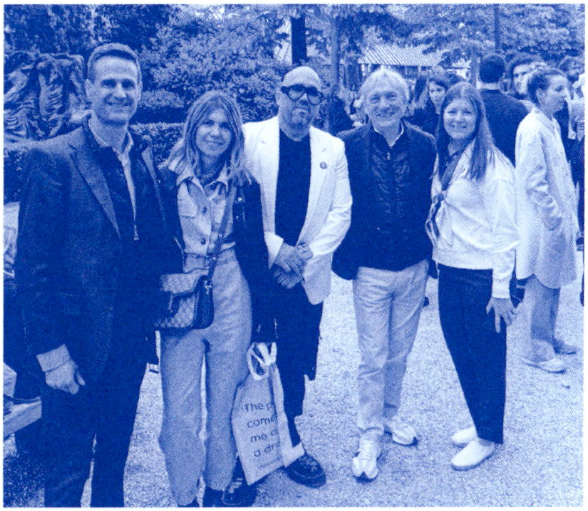

Junto a Willem van Gogh (presidente de la Van Gogh Foundation), Elisa Carollo y Maylin Pérez, en Venecia, 2024

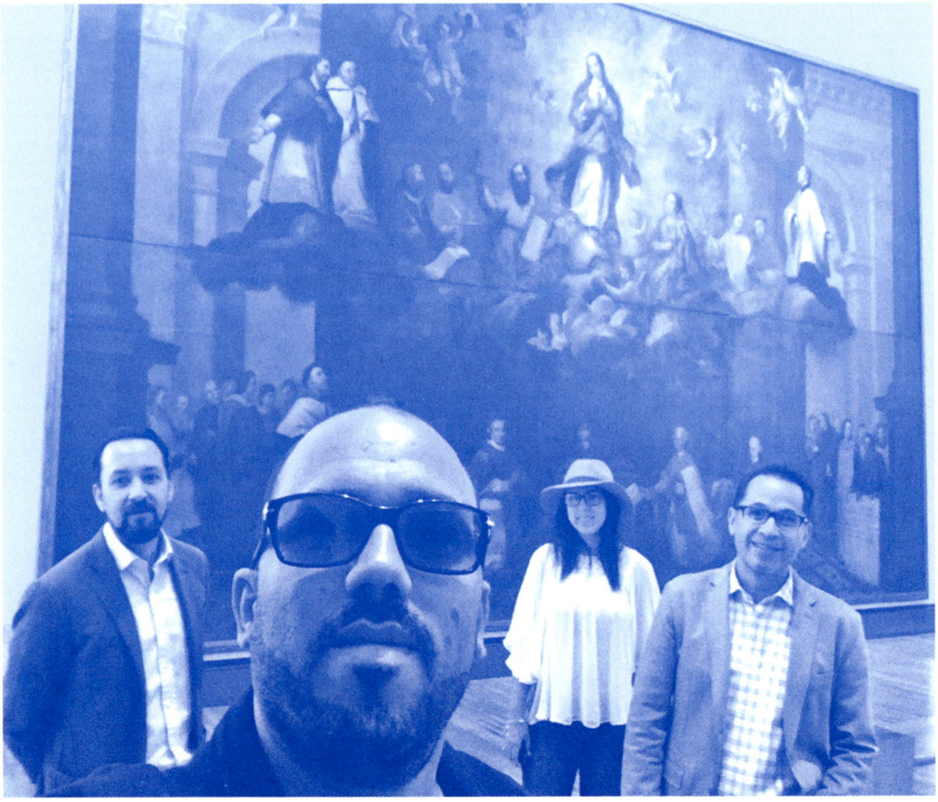

Junto a Agustín Arteaga, en el MUNAL, Ciudad de México, 2015

O. P. C. ¿Cómo te ves mañana?

W. O. Mirando hacia adelante, con mi compromiso con el arte y la cultura de mi país intacto. La idea es seguir creando espacios donde el arte dialogue con la sociedad, desafíe las estructuras y amplíe las posibilidades de pensamiento.

WOCA ya no es solo una galería, tras más de veinte años hemos logrado que sea una plataforma viva que articula memorias, territorios y afectos, que busca posicionar al Caribe dentro del arte contemporáneo global.

Creo profundamente en el poder del arte para transformar realidades, y mi labor como galerista continúa guiada por esa convicción. Lo que comenzó como un sueño juvenil se ha convertido en una misión cultural que trasciende fronteras y se reinventa con cada nueva obra, cada artista emergente y cada conversación que generamos.

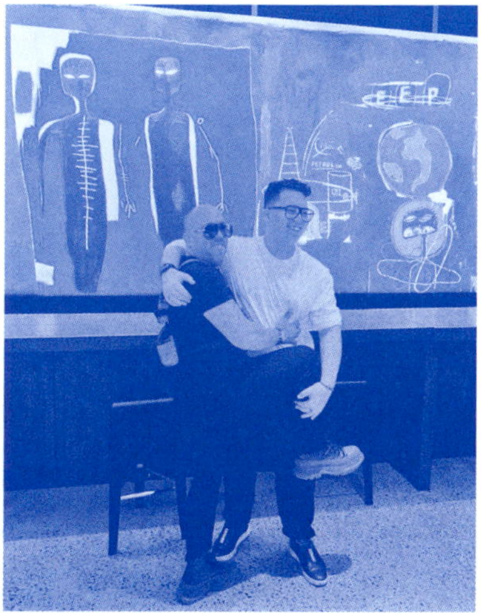

Walter Otero junto a su hijo Sebastián en la muestra retrospectiva de Jean-Michel Basquiat, Nueva York, 2023

O. P. C. Veo que el grueso de los artistas que representas son hombres. ¿Has contemplado representar a mujeres?

W. O. Ya sé que faltan artistas mujeres en nuestra nómina, tú eres uno de los que me lo ha señalado. Estamos trabajando en ello.

O. P. C. ¿Me puedes adelantar algún nombre?

W. O. Contamos desde hace años con el singular y excelente trabajo de Gisela Colón. Hemos fichado a la joven artista dominicana Ana Sofía Batlle y estamos al habla con Isabella Mellado, una artista boricua afincada en Chicago.

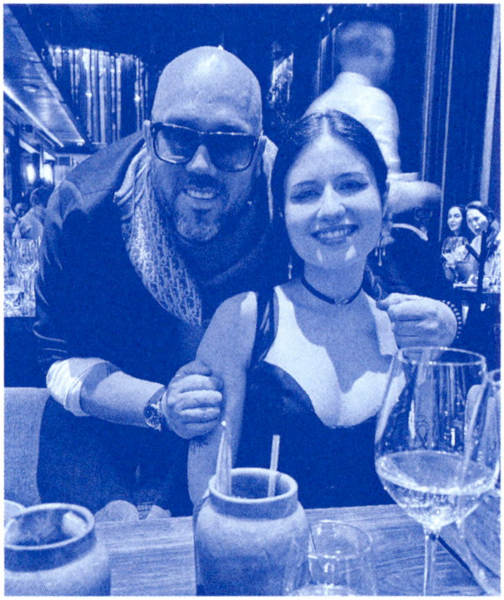

Junto a Isabella Mellado, 2025

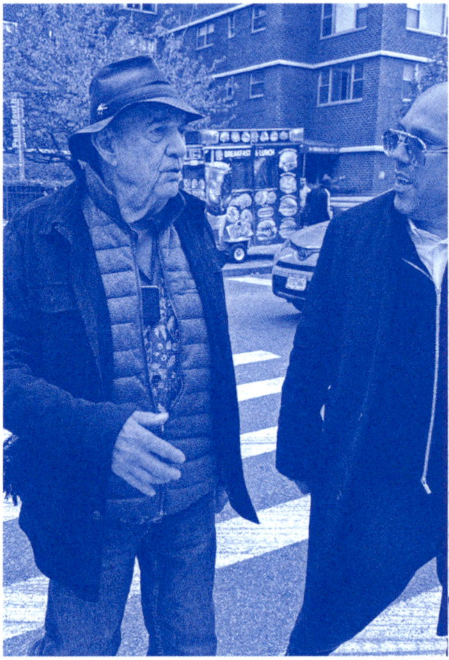

Junto a Larry Bell, Nueva York, 2025

O. P. C. ¿Te quedan artistas por fichar?

W. O. Espero que sí, espero que siempre me quede alguien por fichar.

O. P. C. ¿Qué le preguntas a un artista antes de ficharlo?

W. O. «¿Qué esperas o qué necesitas de mí?». Y, sobre su respuesta, le planteo un plan de trabajo a mediano y largo plazo.

O. P. C. ¿Algún coleccionista te ha dejado dinero a deber?

W. O. Eso ya no me pasa.

O. P. C. ¿Y si te pasase? O, mejor, ¿qué hiciste cuando te pasó?

W. O. Descubrí que para eso están los abogados.

O. P. C. ¿Qué crees que se necesita para ser un buen galerista?

W. O. Debería bastar querer serlo, amar el arte y a quienes lo producen, a los artistas, pero hay que tener algo de capital financiero para empezar, un buen *team*, un buen ojo e interés por educarse: hay que leer, visitar museos, galerías, estudios de artistas y exponerse a nuevas tendencias y culturas.

O. P. C. Dicen que el ojo se entrena.

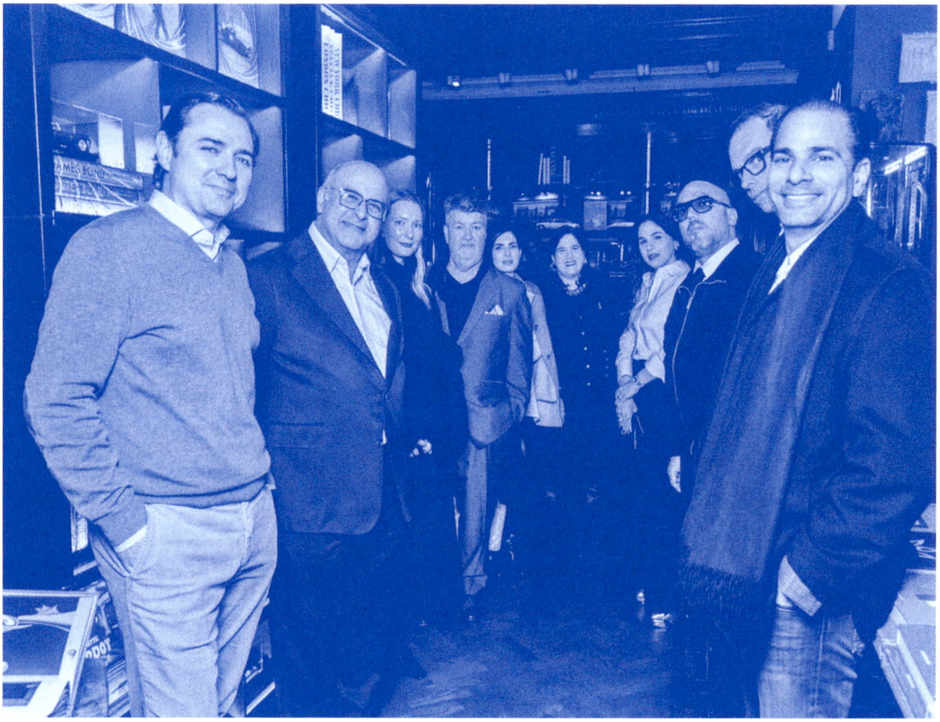

En la presentación del monográfico de Iván Tovar en Assouline, París, 2025

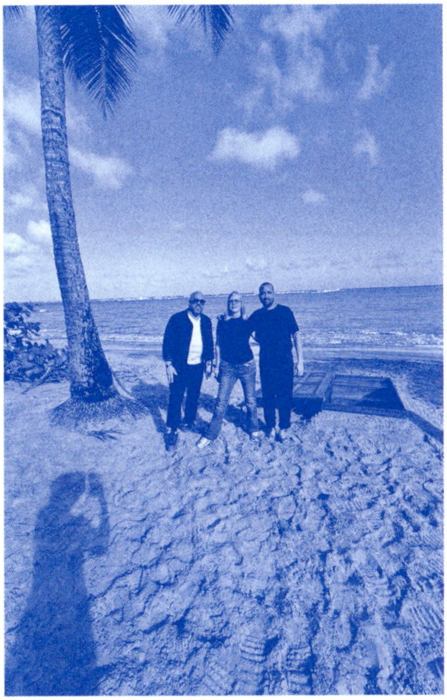

Walter Otero con Gisela Colón y Ángel Otero junto a la pieza de este último en la Gran Bienal Tropical, 2025

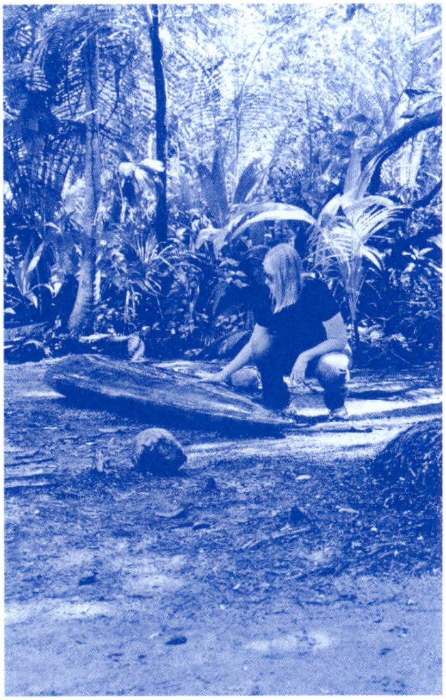

Gisela Colón montando su pieza en la Gran Bienal Tropical, 2025

W. O. Hay ojos entrenados en ver lo que todos ven y hay quienes tienen un ojo que ve lo que nadie ve.

O. P. C. Hay cientos de tipos de galerías: especializadas en papel, en fotografía, en instalaciones, en pintura, existen galerías que combinan modernidad (mercado secundario) y contemporaneidad (mercado emergente), las hay de ámbito local, regional/nacional e internacional. ¿Cuál sería el modelo de WOCA?

W. O. Un modelo que contenga todas esas juntas.

O. P. C. ¿Abrirías galería en otro país?

W. O. Lo he pensado. Aún no lo veo claro. Pero no lo descarto del todo.

O. P. C. En su famoso libro *Me llamo Charles Saatchi y soy un artehólico*, el británico, cuando le preguntan sobre los marchantes de arte, responde esto:

> ***Uno de los riesgos laborales del encaprichamiento con el arte de algunos de mis amigos coleccionistas son sus encuentros con cierto tipo de marchantes de arte. Pedantes, sedientos de poder y con aires de superioridad, estos decanos del buen gusto estarán mejor en la puerta de un club nocturno decidiendo a quién dejar pasar el umbral del cordón de terciopelo. Su comportamiento impide que muchos coleccionistas novatos tengan una implicación real con la visión del artista. A estos marchantes les gusta sentir que «controlan» el mercado. Pero, claro, por definición, en cuanto un artista tiene un mercado efervescente, deja de ser controlable. Un importante marchante neoyorquino dijo hace poco,***

un ejemplo, que desaprobaba los precios tan agresivos que arrojaban las subastas porque permitían que los coleccionistas se saltaran su «lista de espera». Así que, en vez de celebrar el éxito económico de un artista, se sienten castrados ante cualquier cosa que les suponga pérdida de poder. Y luego están los marchantes visionarios, sin los cuales muchos grandes artistas de nuestro siglo hubieran pasado sin pena ni gloria.

¿Qué opinas al respecto?

W. O. Primero: espero ser de los visionarios. Segundo: Saatchi estaba hablando desde su experiencia personal. Tercero: le aconsejaría que visitase más galerías iberoamericanas. Los hispanoparlantes no tenemos ese mal genio tan *british*... o tan europeo. Hasta galeristas con un pedigrí histórico incuestionable como Patricia Ortiz Monasterio y Jaime Riesta, los fundadores de OMR, en Ciudad de México, son gente extremadamente amable y entregada a su labor de atender con cortesía y educación a sus clientes y a sus posibles nuevos coleccionistas. No conozco mucho galerista latino sangrón, la gente es más alegre y proactiva. Algún que otro prepotente hay, pero no son tantos.

O. P. C. Será que Saatchi no te conoce.

W. O. Aún no. Quién sabe, quizás coincidamos algún día.

Castelldefels, Barcelona
Madrid, España
San Juan, Puerto Rico
Verano de 2025

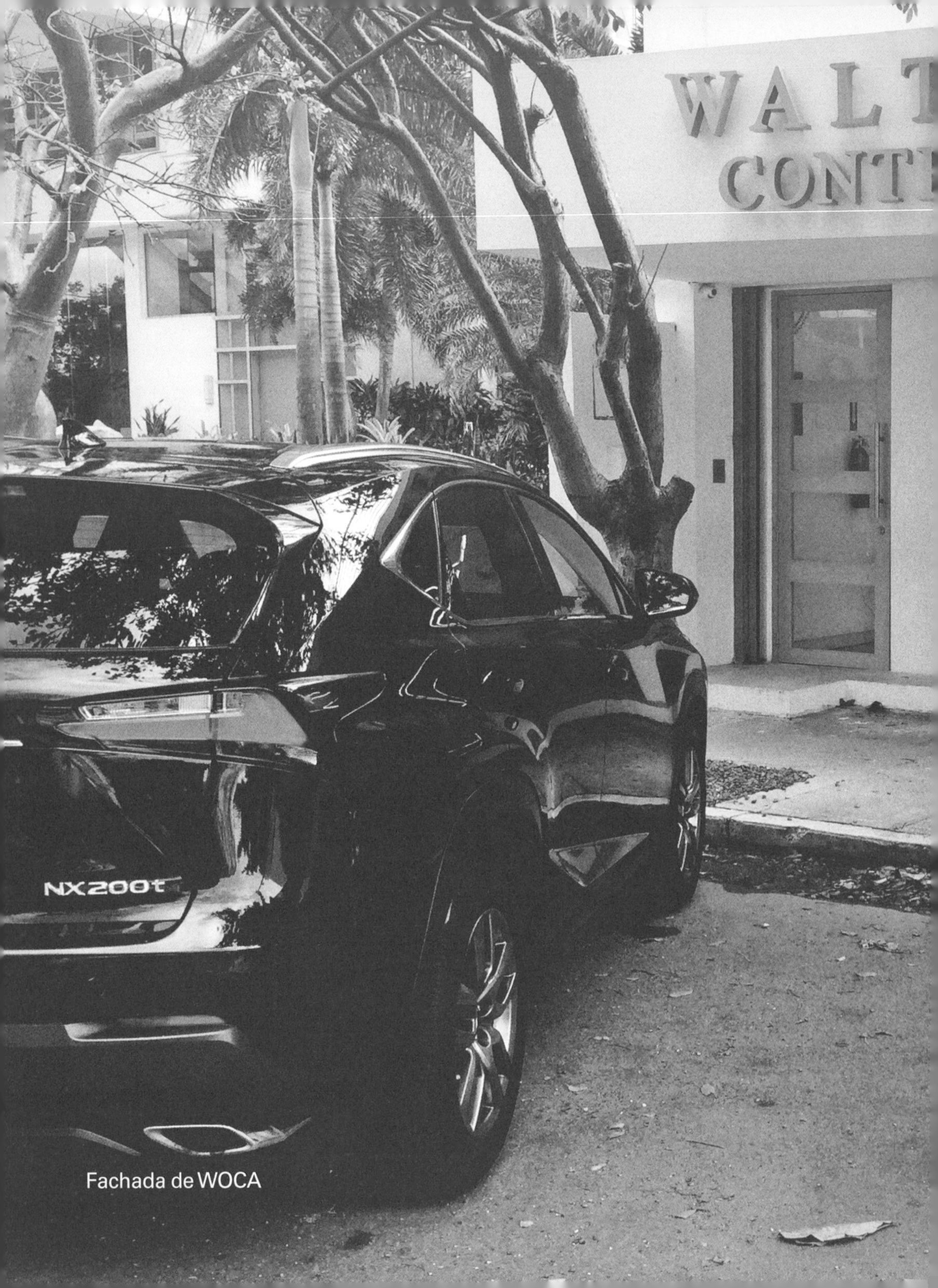

Fachada de WOCA

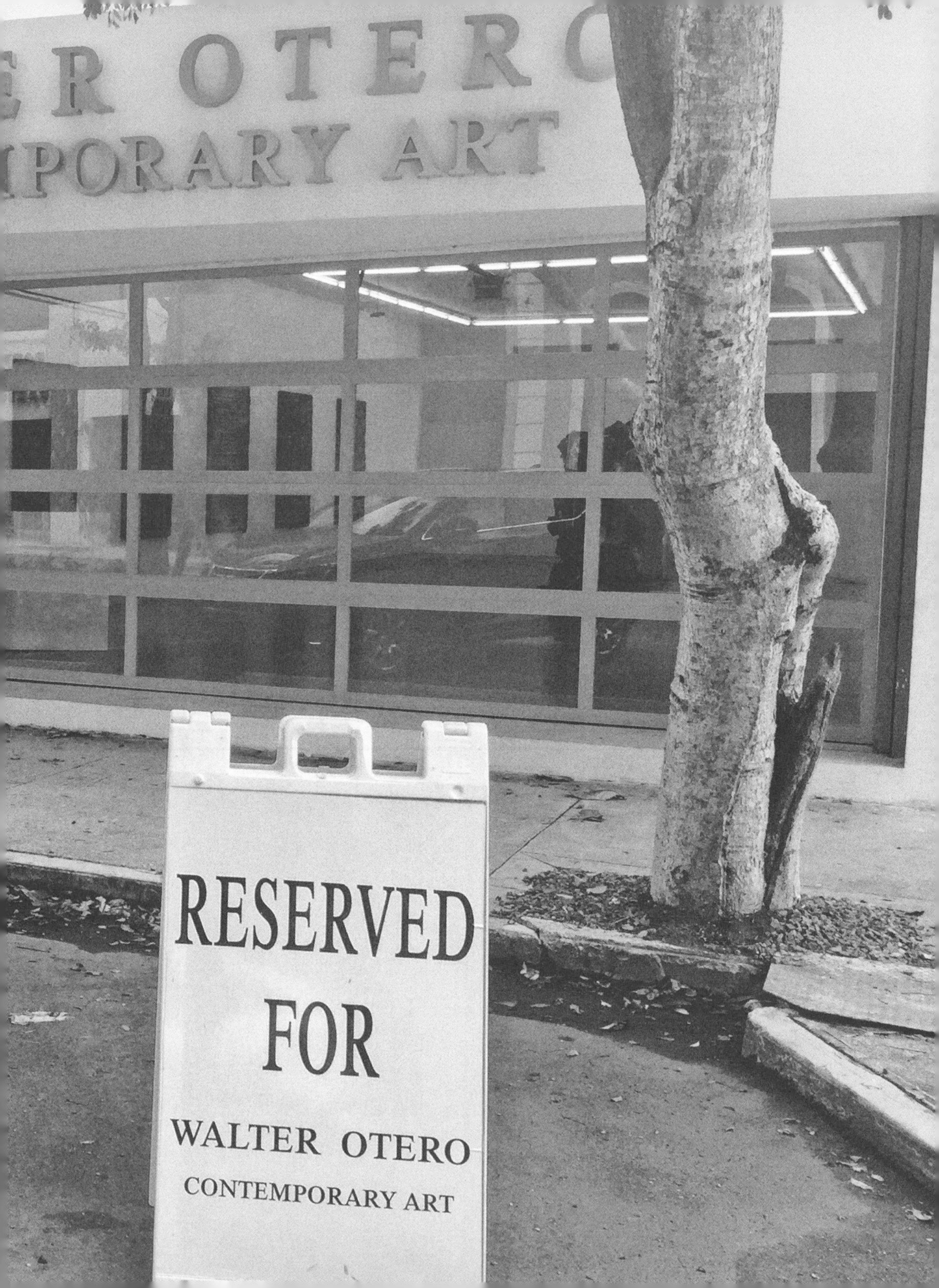
ER OTERO
MPORARY ART
RESERVED
FOR
WALTER OTERO
CONTEMPORARY ART

EPÍLOGO. Mi amigo Walter

Conocí a Walter en 2010, en una de las ediciones de CIRCA, la ahora difunta feria de arte de Puerto Rico, donde yo era el curador de la sección de proyectos de galerías jóvenes. Algunos años más tarde, y gracias a Radamés «Juni» Figueroa, amigo artista con quien inicié la Bienal Tropical, y que en aquel momento tenía una exposición en la galería de Walter, conocí mejor a Walter.

Se volvió costumbre que en cada visita mía a la isla fuéramos a almorzar. Nuestro amor por la buena comida y la buena compañía se iguala a nuestro amor a hablar sobre arte. A través de su galería, Walter Otero Contemporary Art, Walter ha sido crucial para promover tanto a jóvenes artistas de Puerto Rico, como Yiyo Tirado y Jun Martínez, así como a figuras consolidadas como Ángel Otero, Melvin Martínez, Gisela Colón y Arnaldo Roche, entre otros.

Fue gracias a Walter también que en 2018 conocí a Ángel Otero en Nueva York, lo que poco después llevó a la incorporación del trabajo de Ángel a la colección del Museo Guggenheim de Nueva York. Walter también ha sido un gran amigo y apoyador de la Bienal Tropical.

A lo largo de veinticinco años de trabajo, Walter ha desempeñado un papel decisivo en la consolidación del ecosistema del arte puertorriqueño. Su dedicación tanto en apoyar la escena localmente como en dar visibilidad a los artistas de Puerto Rico internacionalmente ha hecho de Walter y su galería en Puerta de Tierra componentes indispensables de la escena del arte boricua.

Pablo León de la Barra
Curador general - Latinoamérica
Solomon R. Guggenheim Museum, Nueva York

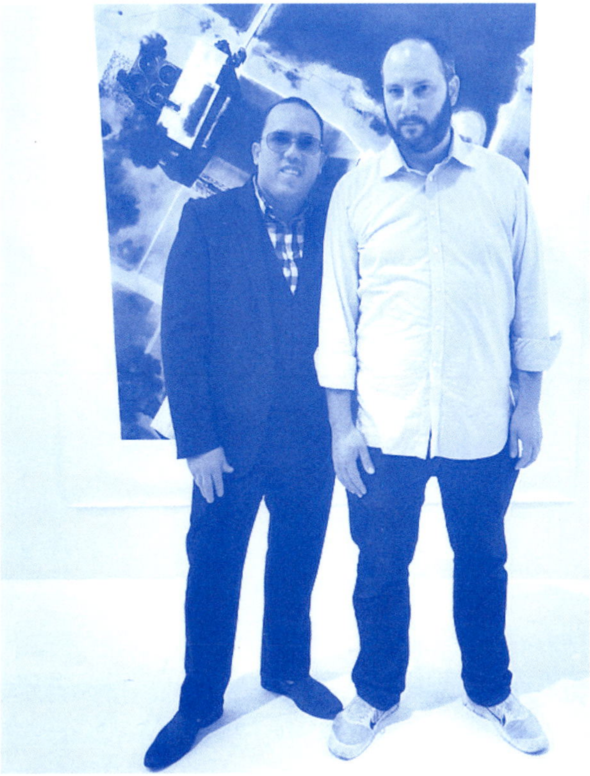

Junto a Pablo León de la Barra, 2014

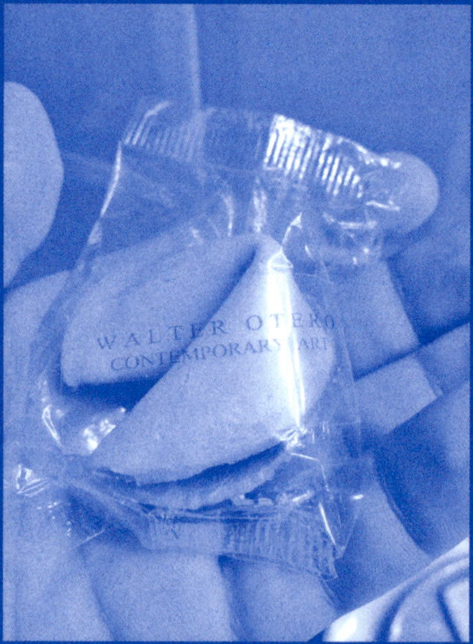
WALTER OTERO
CONTEMPORARY ART

Walter Otero:
un galerista tropical

Una biografía en imágenes

WALTER OTERO JUNTO A SU HERMANO HAMILTON EN 1982, DE NIÑOS, EN SÁBANA GRANDE, PUERTO RICO

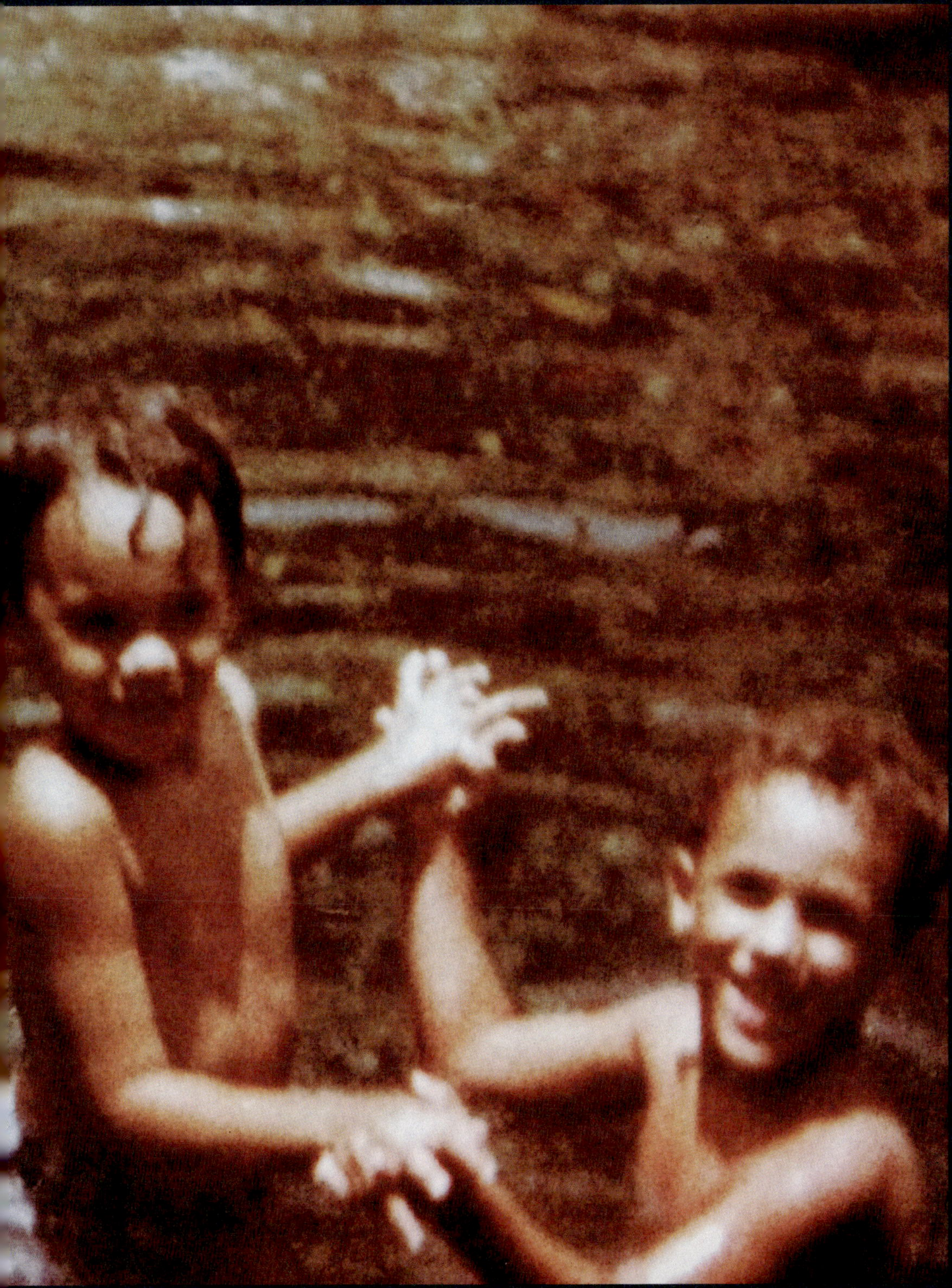

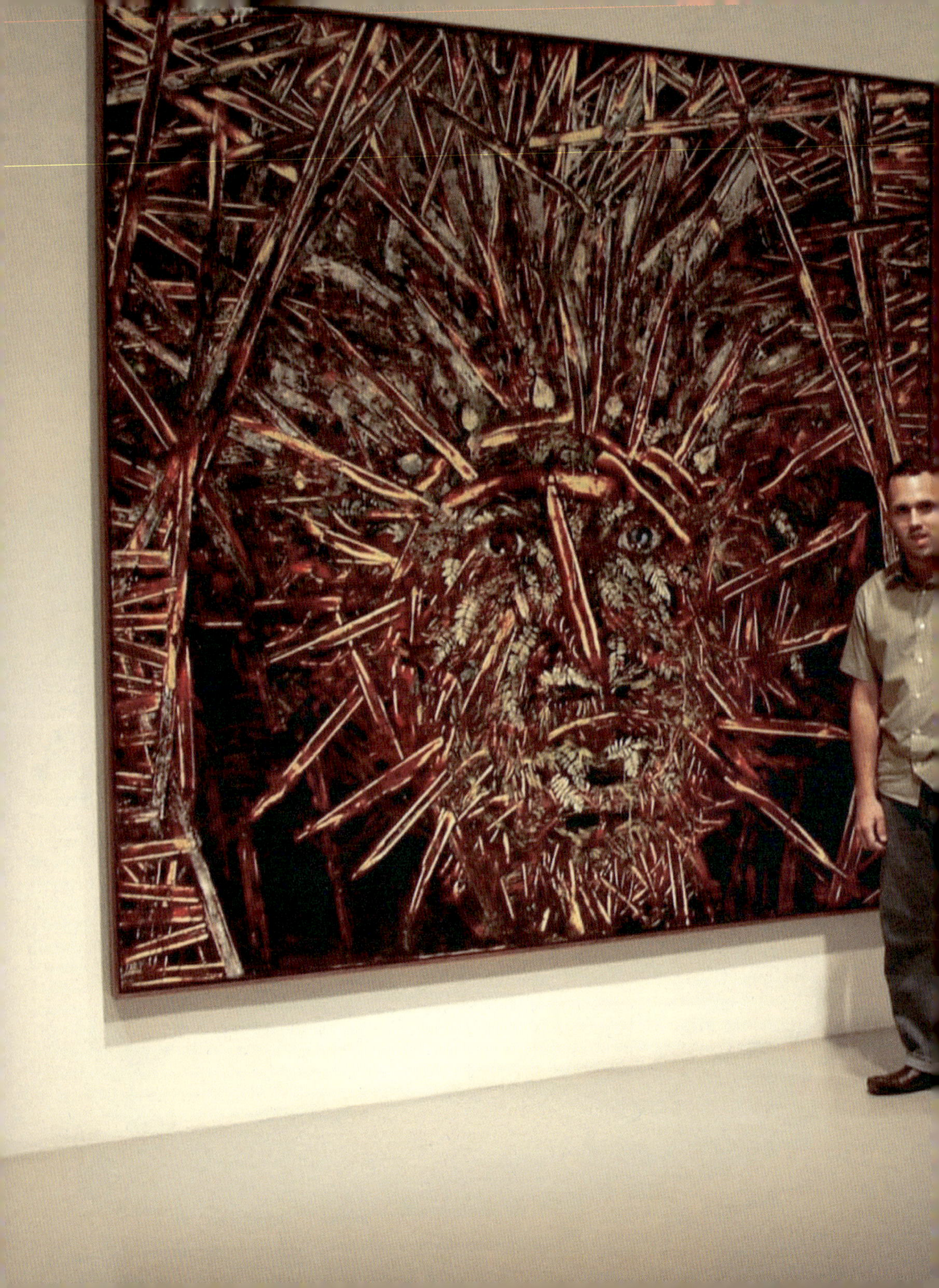

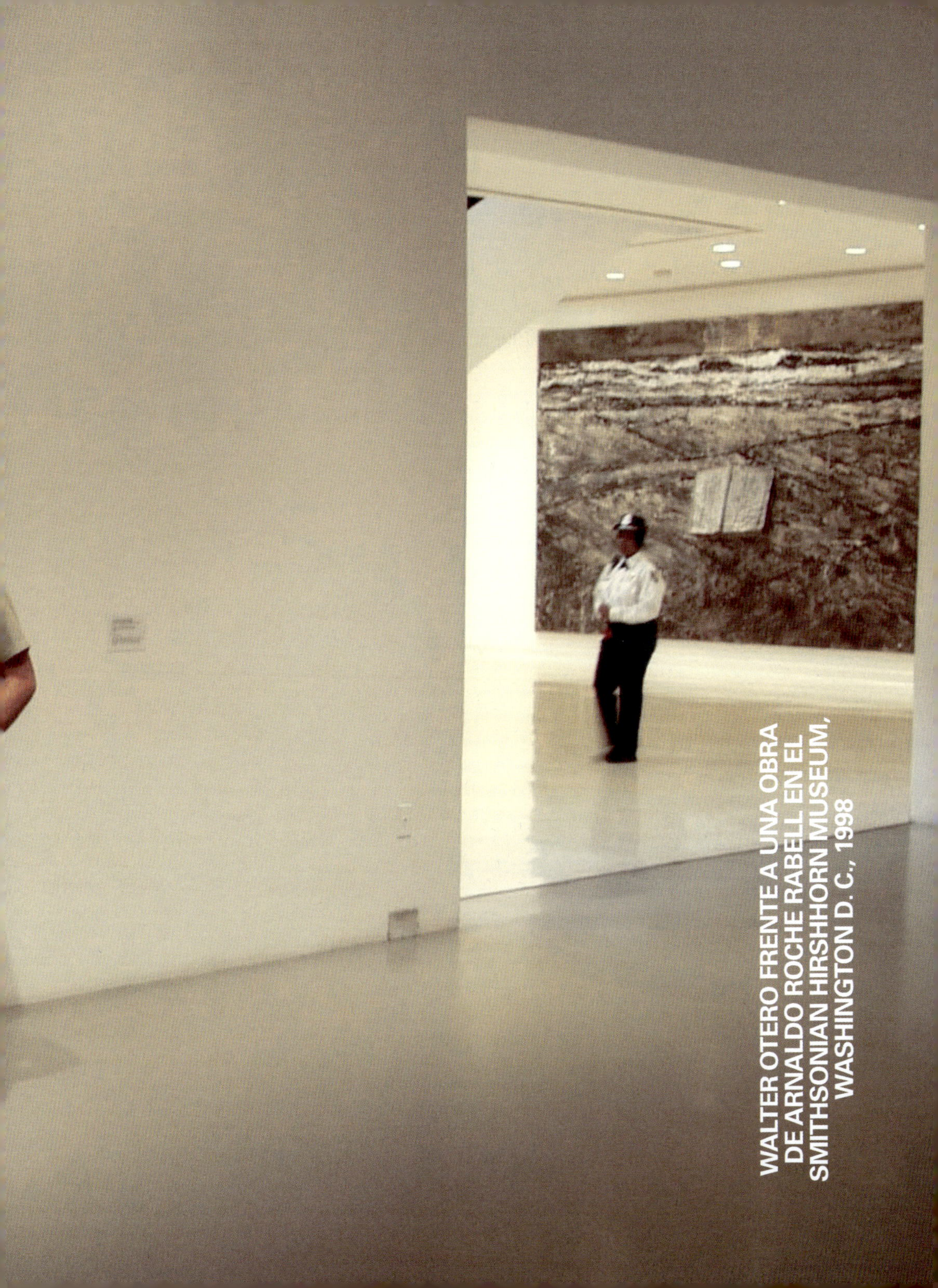

WALTER OTERO FRENTE A UNA OBRA DE ARNALDO ROCHE RABELL EN EL SMITHSONIAN HIRSHHORN MUSEUM, WASHINGTON D. C., 1998

WALTER OTEROY ARNALDO ROCHE
RABELL, 1994

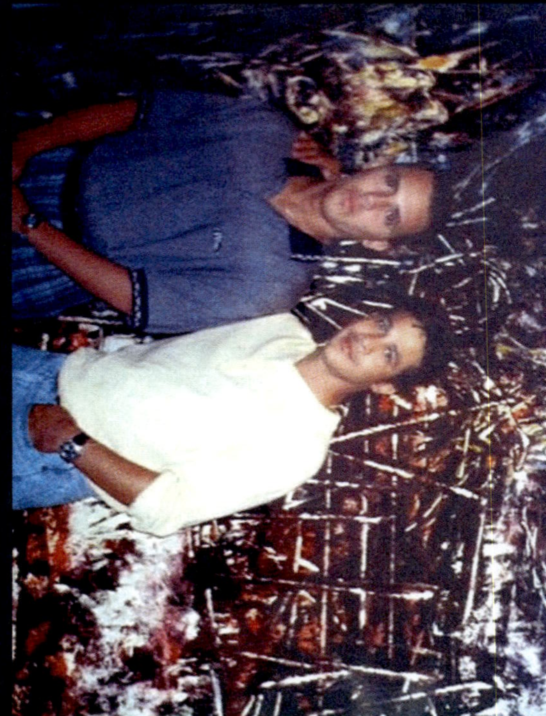

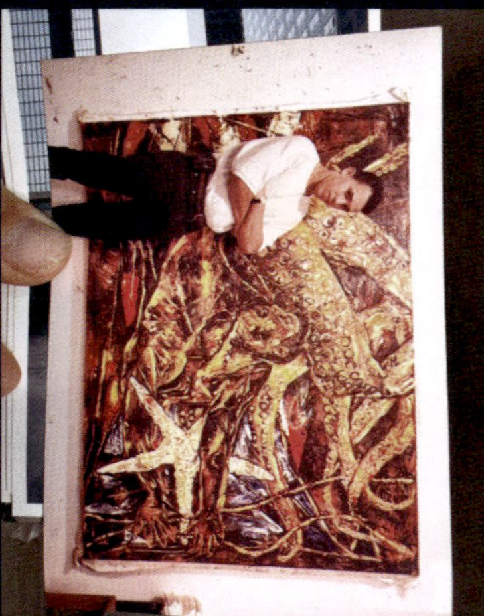

WALTER OTERO EN EL
ESTUDIO DE ARNALDO
ROCHE RABELL, 1995

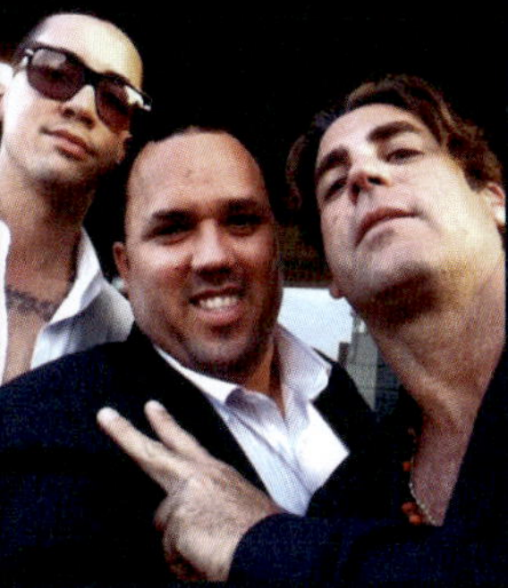

ÁNGEL OTERO,
WALTER OTERO Y
CARLOS BETANCOURT,
2010

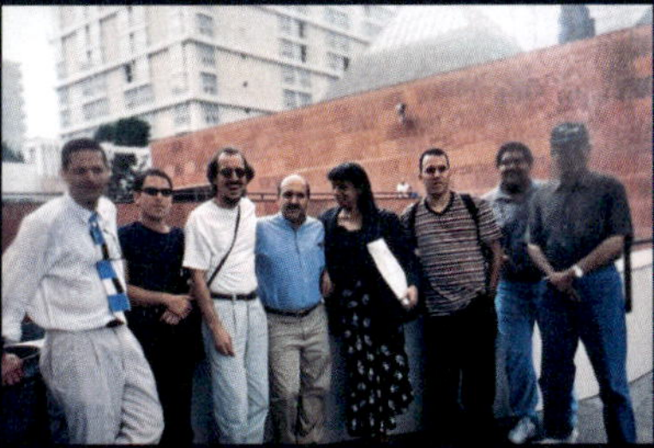

JUNTO A VÍCTOR VÁZQUEZ Y OTROS ARTISTAS BORICUAS, ADEMÁS DE LOS GALERISTAS DARELL COUTURIER Y MAUD DUQUELLA, EN LOS ÁNGELES, 1998

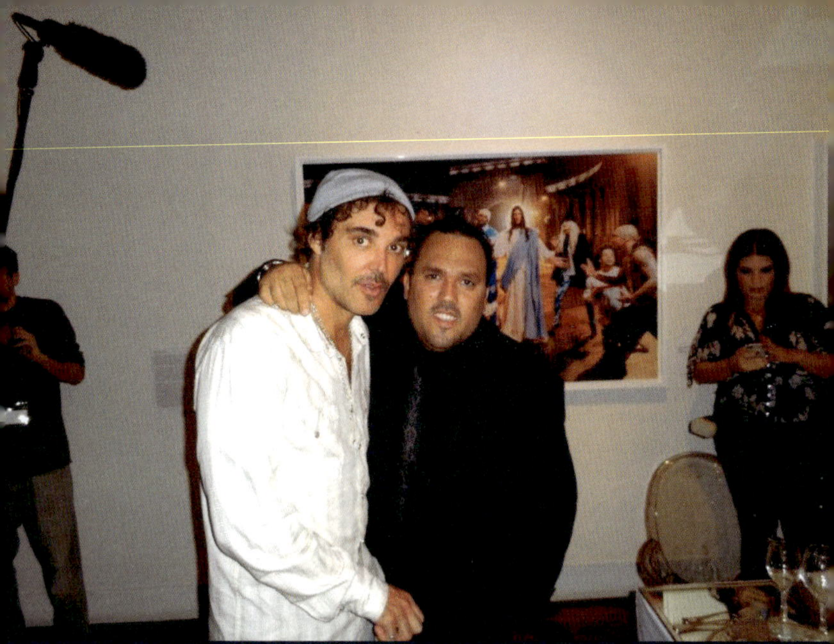

DAVID LACHAPELLE Y WALTER OTERO EN EL MUSEO DE ARTE CONTEMPORÁNEO, PUERTO RICO, 2011

ÁNGEL OTERO Y WALTER OTERO EN LA INAUGURACIÓN DEL NUEVO ESPACIO DE WOCA, 2013

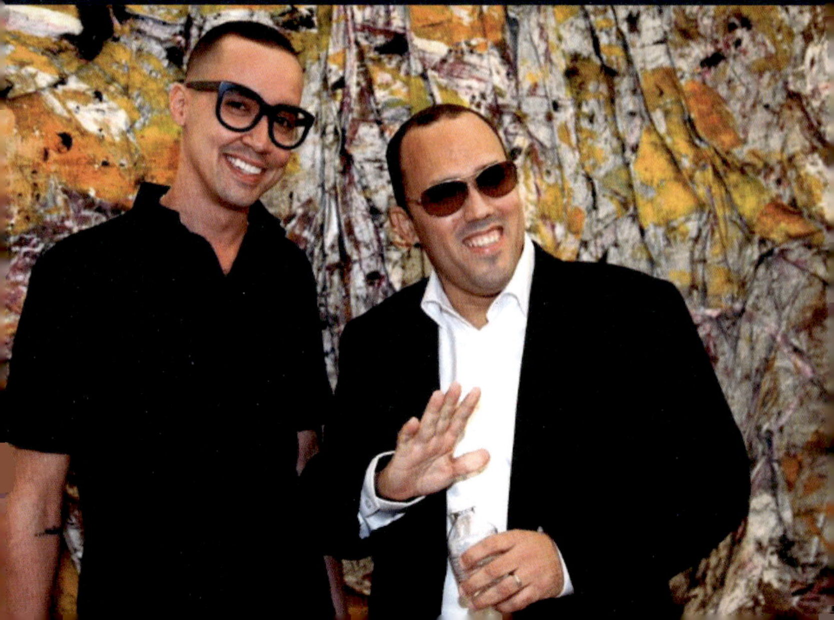

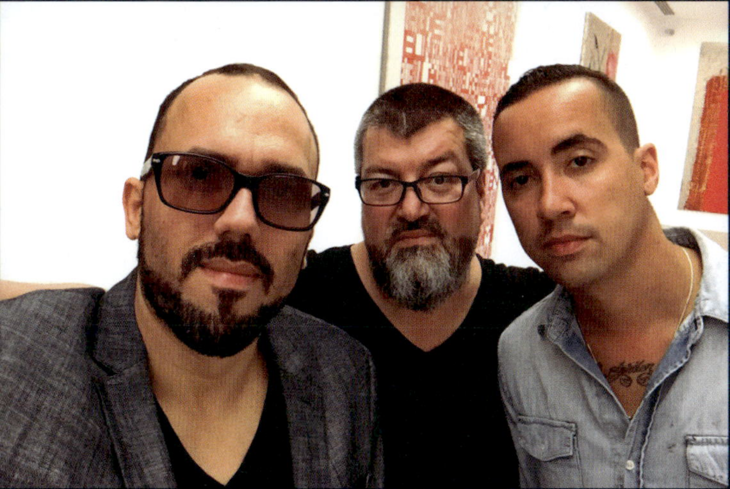

WALTER OTERO, CHRISTIAN VIVEROS-FAUNÉ
Y ÁNGEL OTERO, 2015

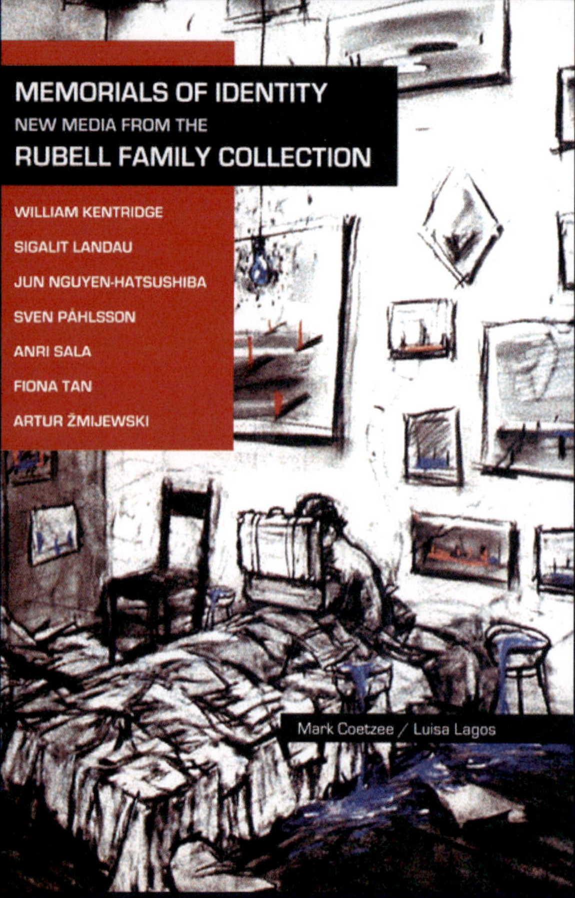

CARTEL DE LA EXPOSICIÓN SOBRE LA COLECCIÓN RUBELL EN MAPR, LLEVADA POR WALTER OTERO AL MUSEO, 2006

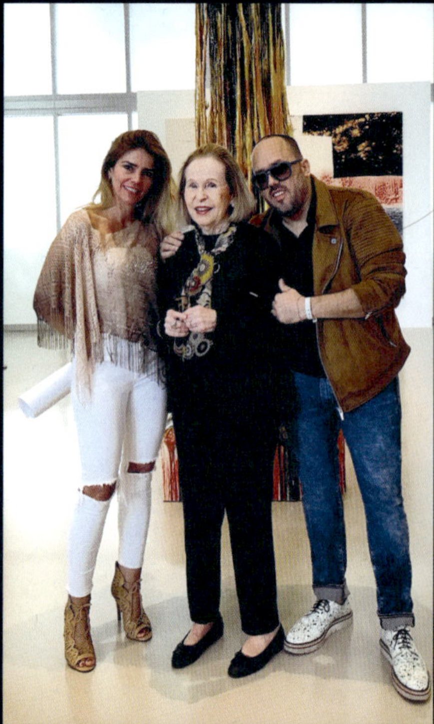

JUNTO A LA GRAN COLECCIONISTA Y MECENAS ROSA DE LA CRUZ, MIAMI, 2016

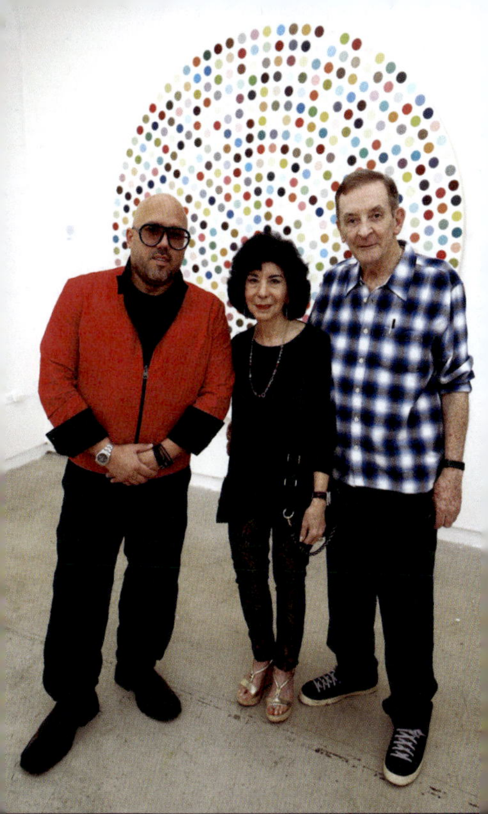

CON LOS COLECCIONISTAS JOHN BELK Y MARGARITA SERAPIÓN EN LA MUESTRA DE DAMIEN HIRST EN WOCA, 2024

ARNALDO ROCHE RABELL
EN SU MUESTRA EN EL CAAM,
ESPAÑA, 2015

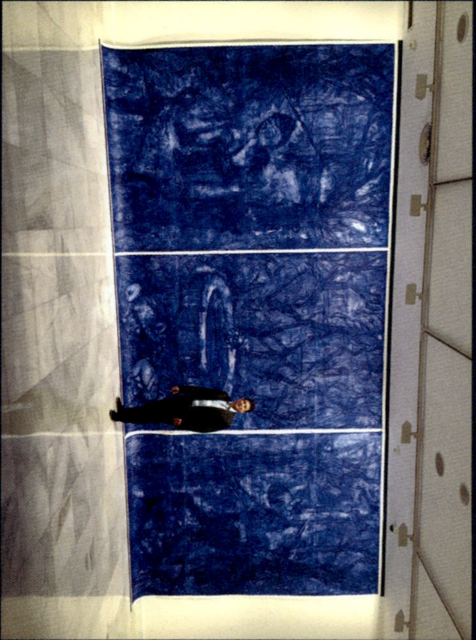

ÁNGEL OTERO Y WALTER
OTERO, CAAM, ESPAÑA, 2015

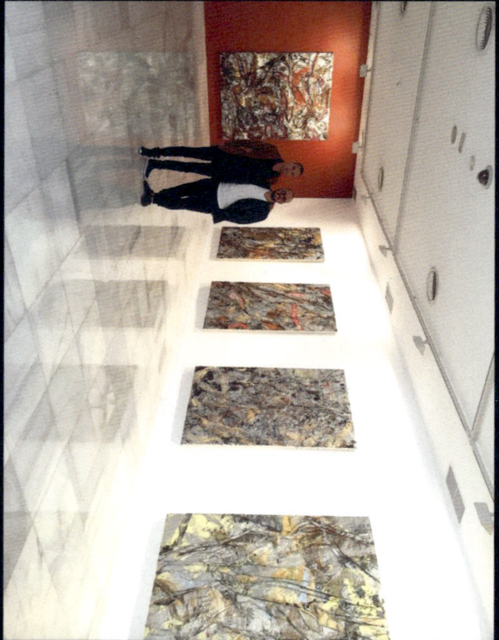

RAMÓN MIRANDA BELTRÁN
Y WALTER OTERO, 2015

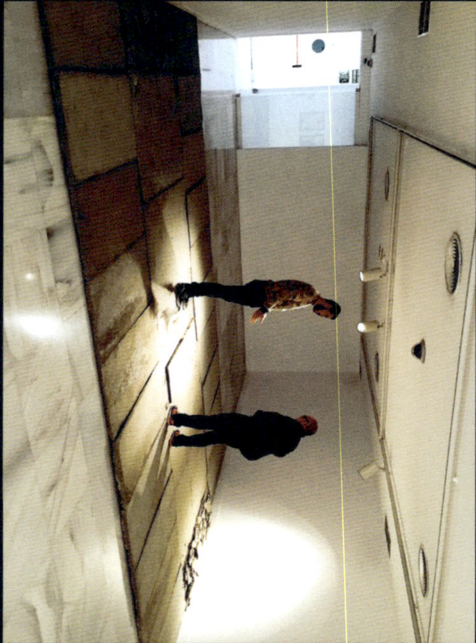

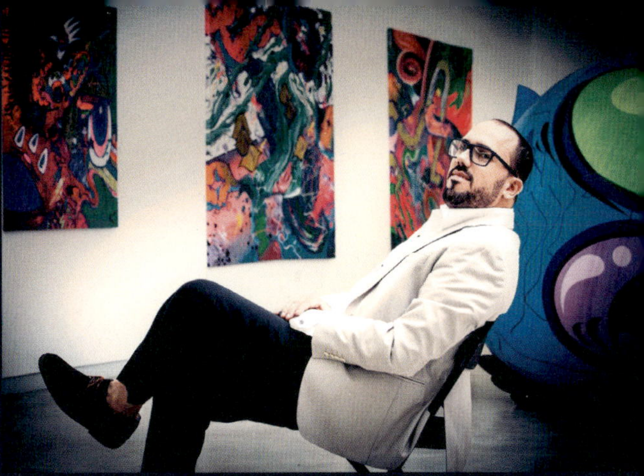

WALTER OTERO EN LA MUESTRA
DE PUNT18 EN WOCA, 2015

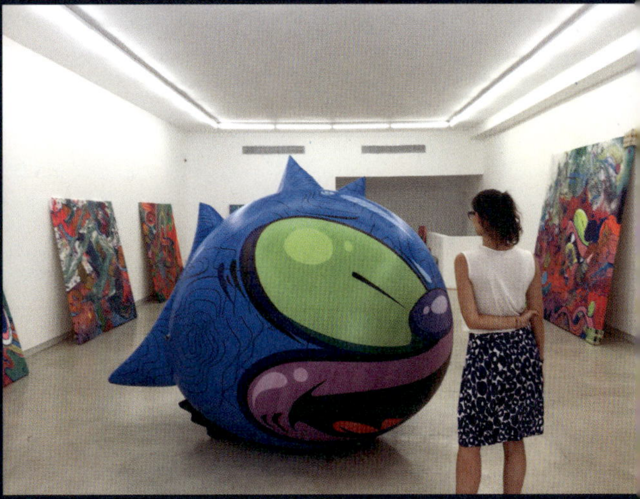

VISTA DE LA MUESTRA
DE PUNT18 EN WOCA, 2015

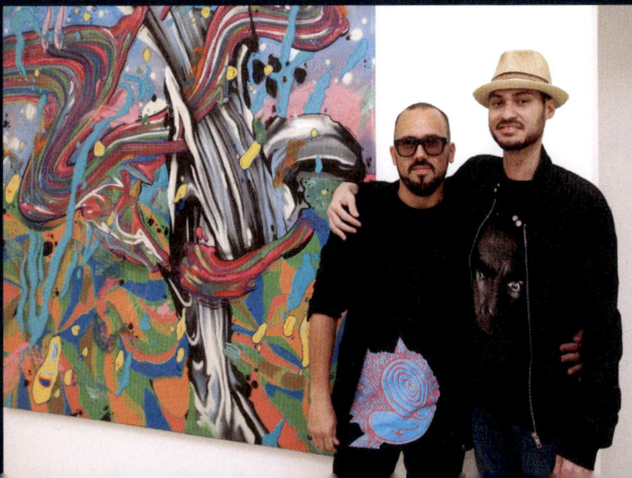

WALTER OTERO Y PUNT18
EN WOCA, 2015

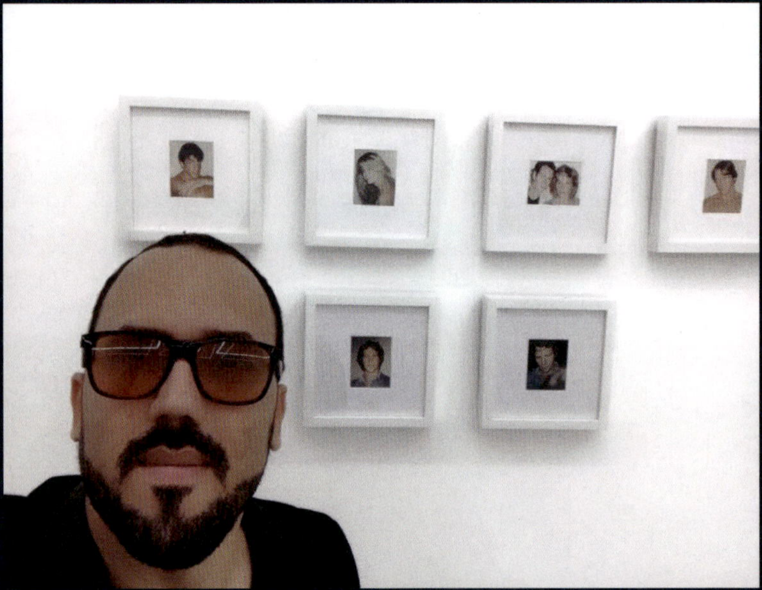

AUTORRETRATO, MUESTRA *POLAROIDS*
DE ANDY WARHOL, 2015

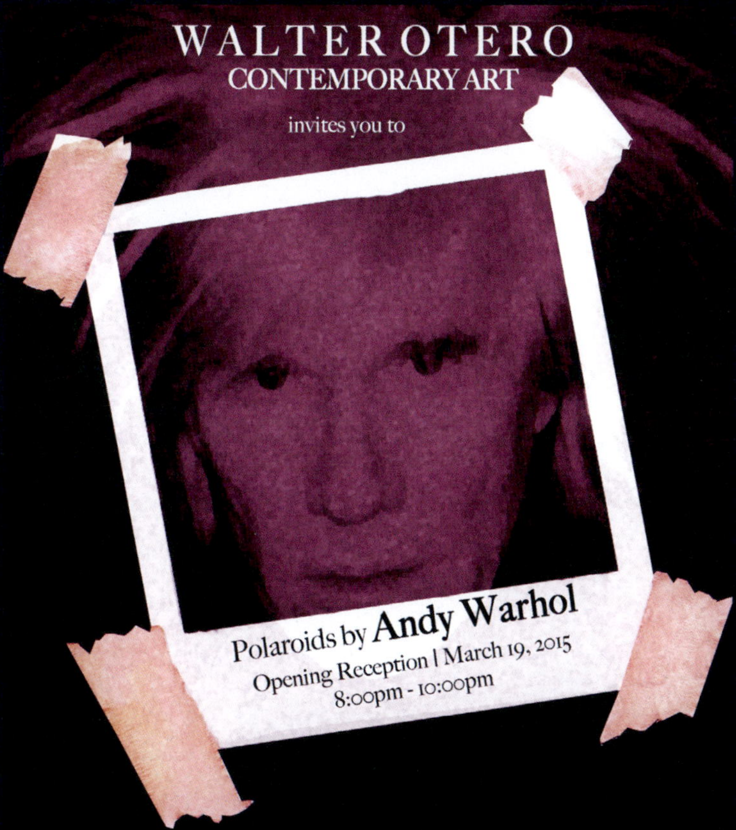

CARTEL DE LA MUESTRA *POLAROIDS*
DE ANDY WARHOL, 2015

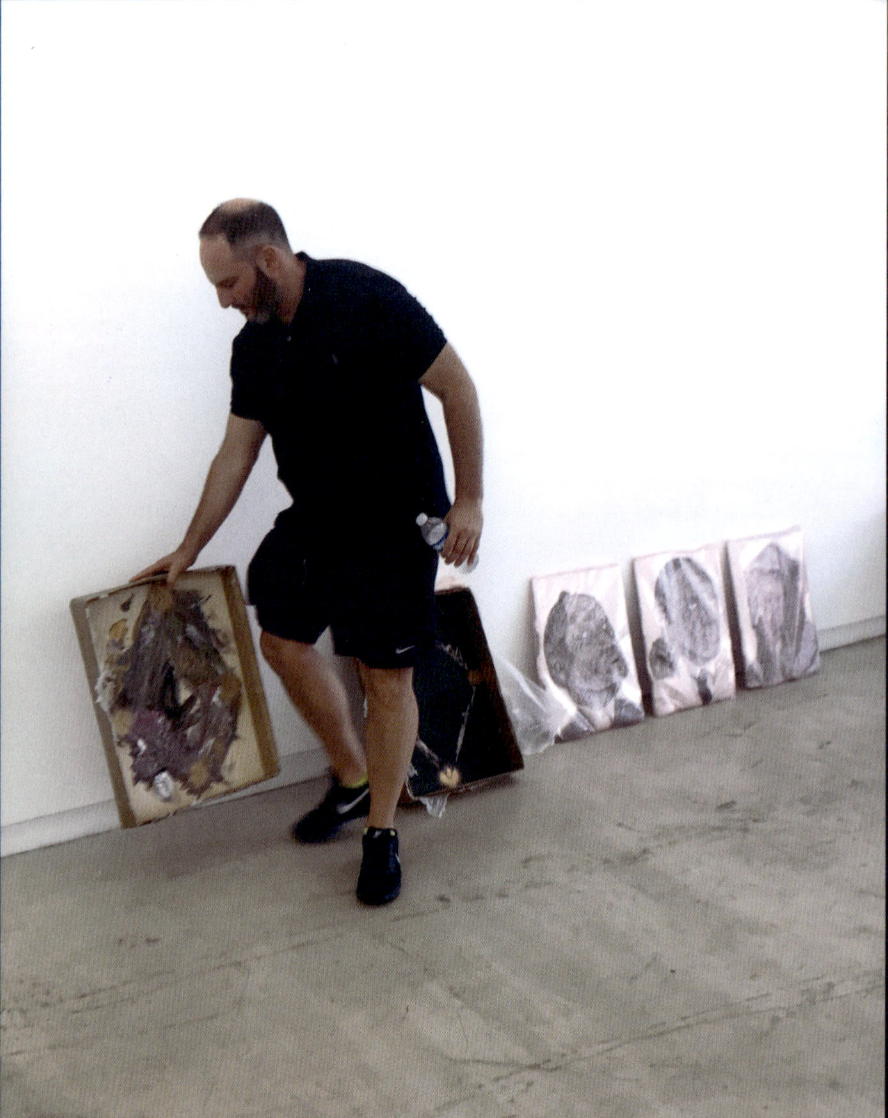

PABLO LEÓN DE LA BARRA CON OBRA DE RAFAEL VEGA EN WOCA, 2014

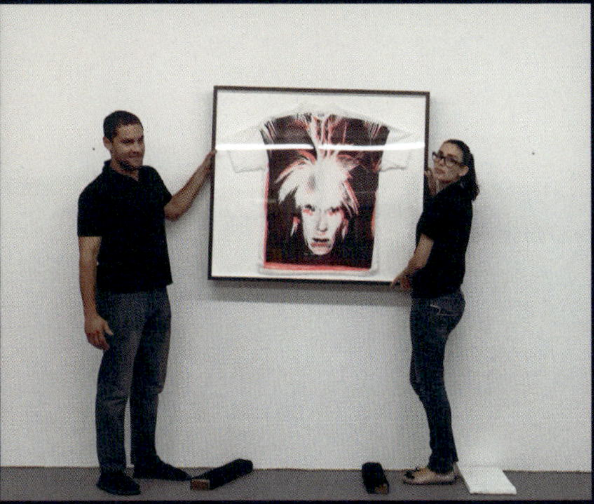

TRIENAL GRÁFICA DE SAN JUAN,
2015

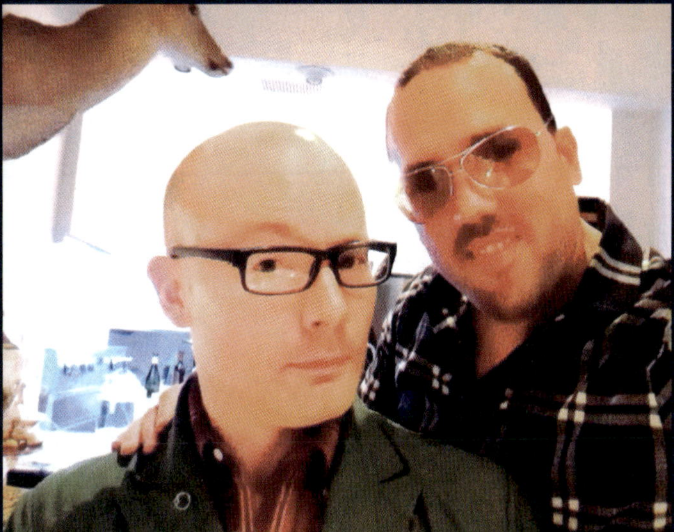

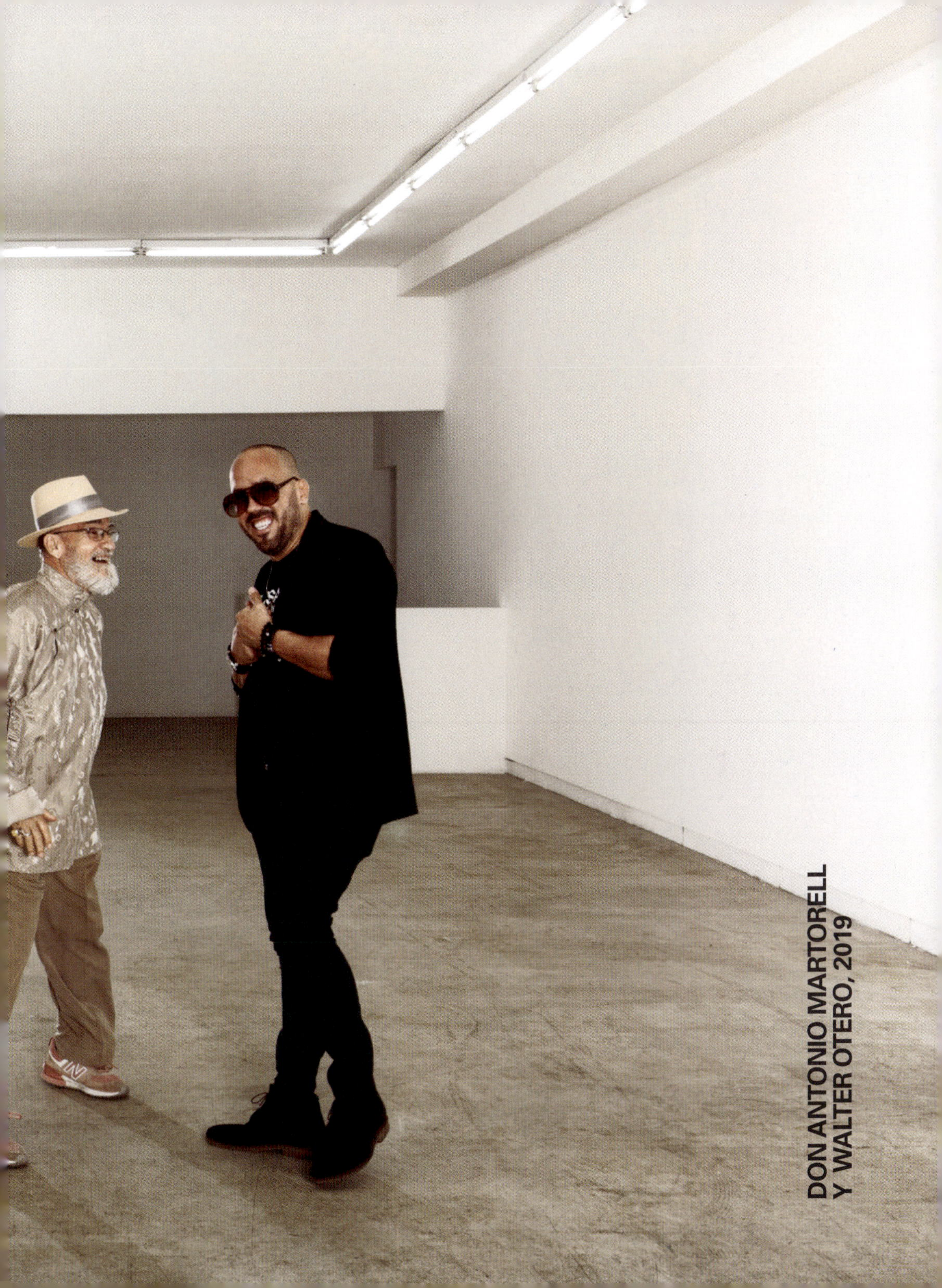

DON ANTONIO MARTORELL
Y WALTER OTERO, 2019

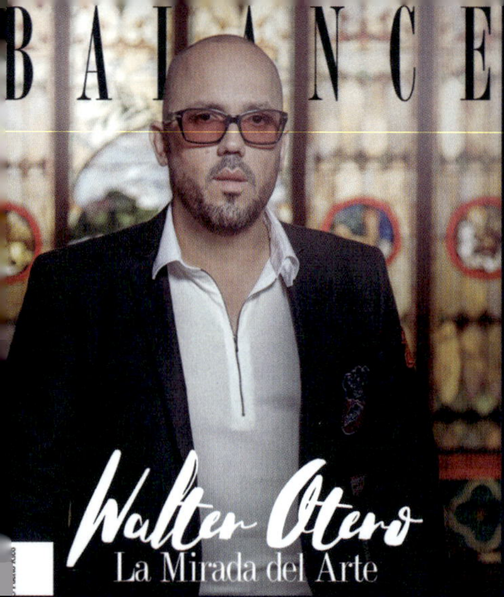

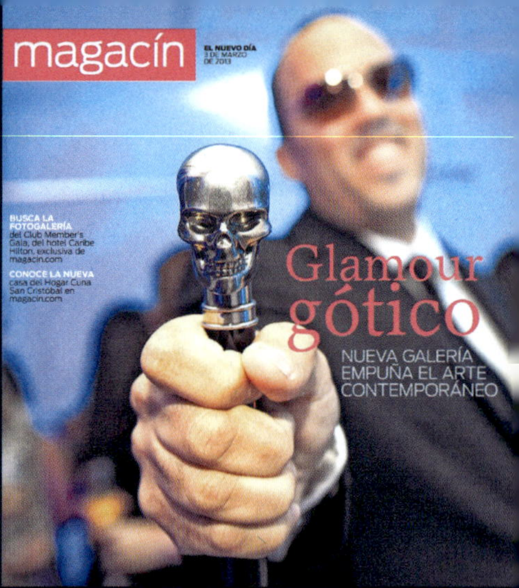

PORTADAS DE *BALANCE* Y DE *MAGACÍN*, REVISTA DE *EL NUEVO DÍA* 2023

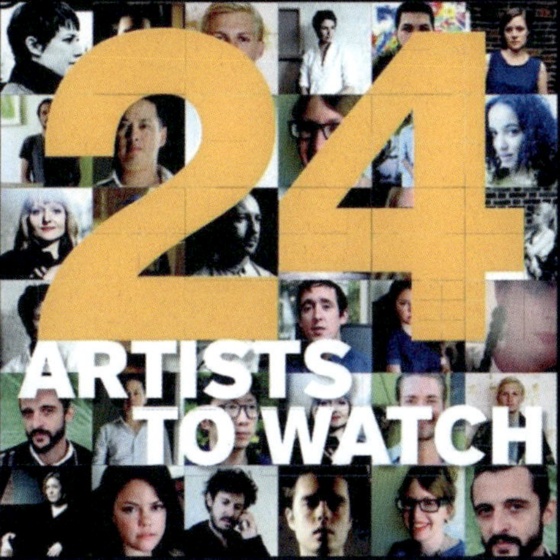

PORTADAS DE *MODERN PAINTERS*, 2014 Y 2015

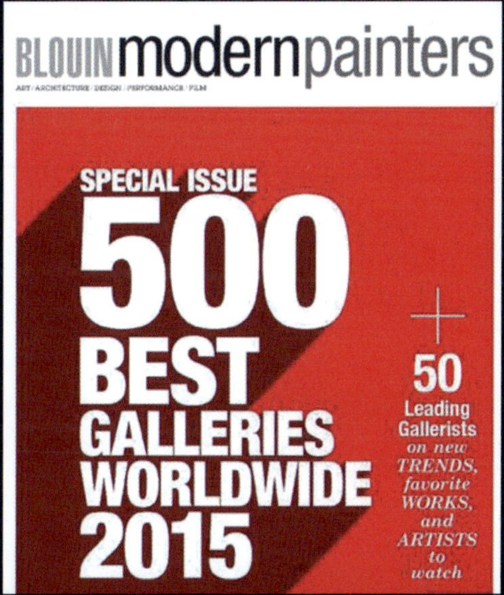

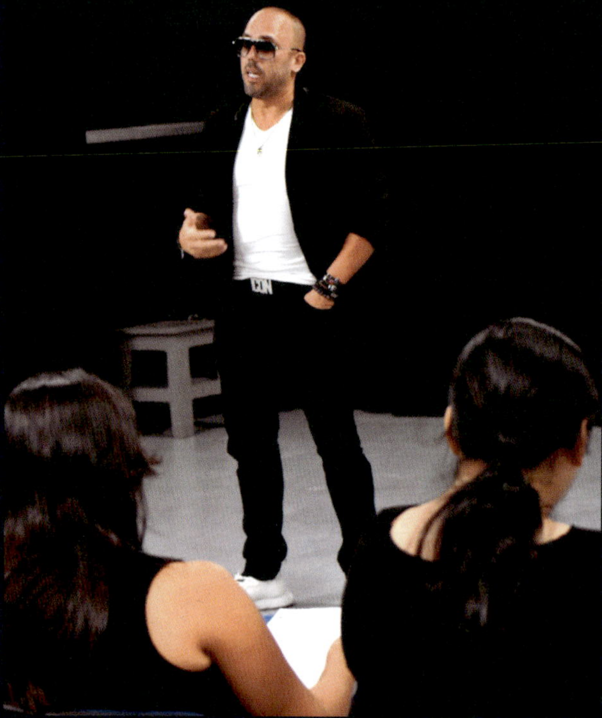

WALTER OTERO EN UNA CHARLA EN LA ESCUELA DE ARTE DE SAN JUAN, PUERTO RICO, 2018

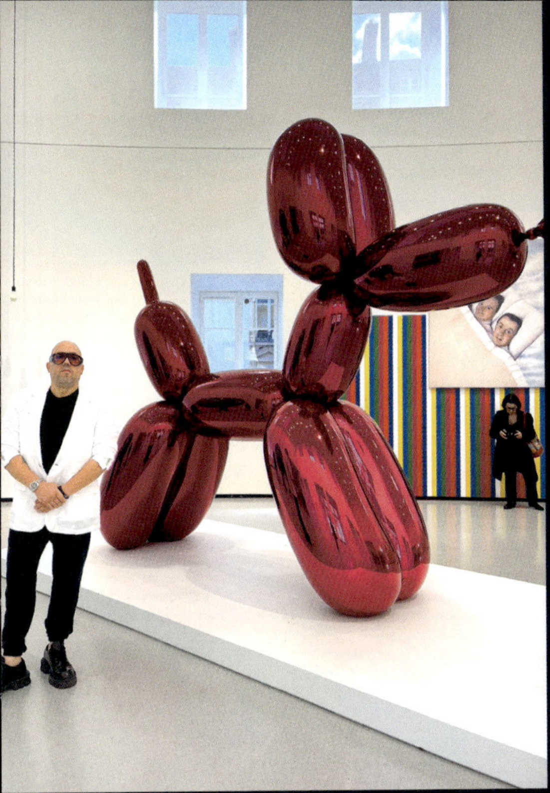

FRENTE A UNA OBRA DE JEFF KOONS, 2024

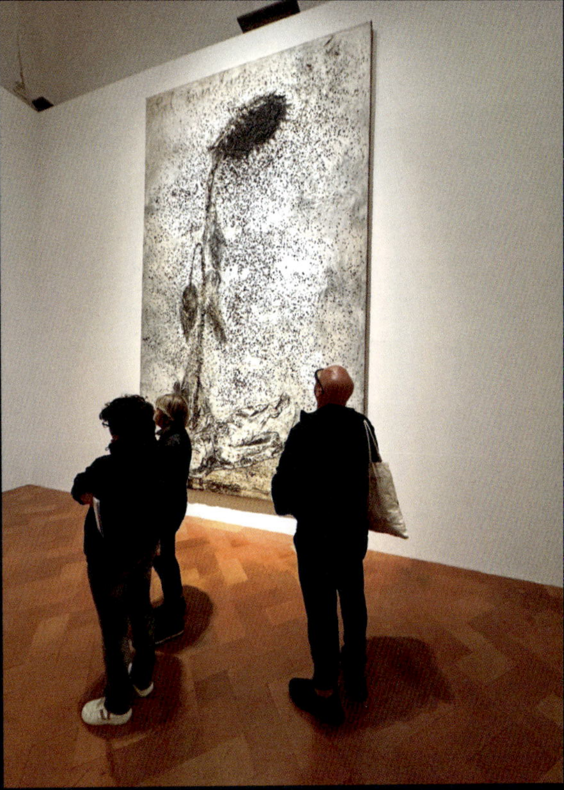

WALTER OTERO ADMIRANDO UNA PIEZA DE ANSELM KIEFER, 2024

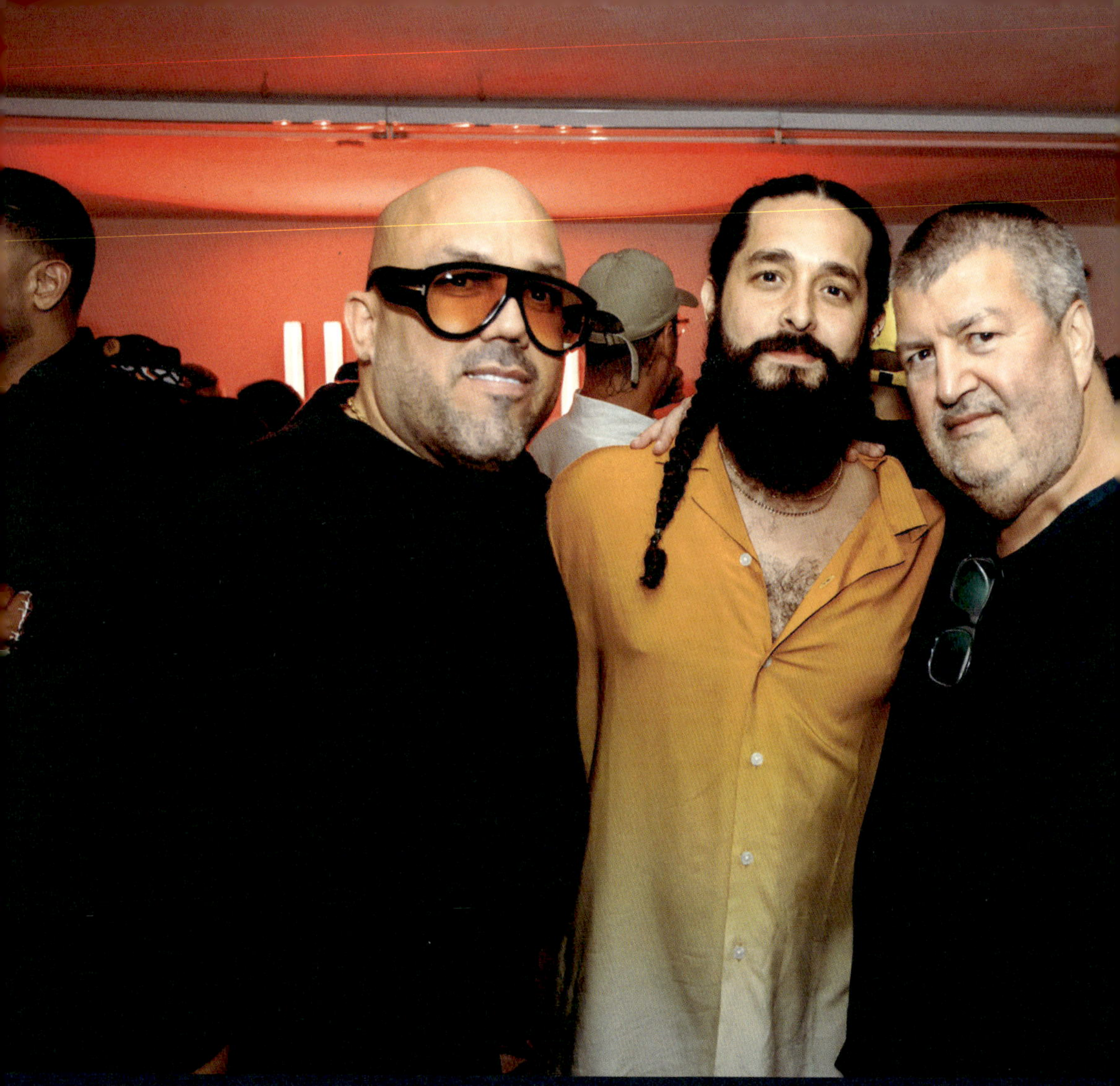

WALTER OTERO, YIYO TIRADO Y CHRISTIAN VIVEROS-FAUNÉ, 2024

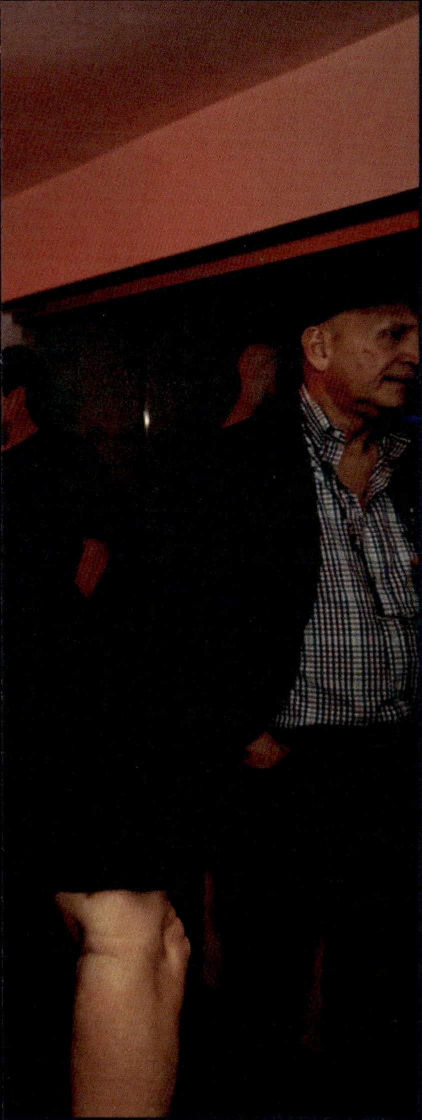

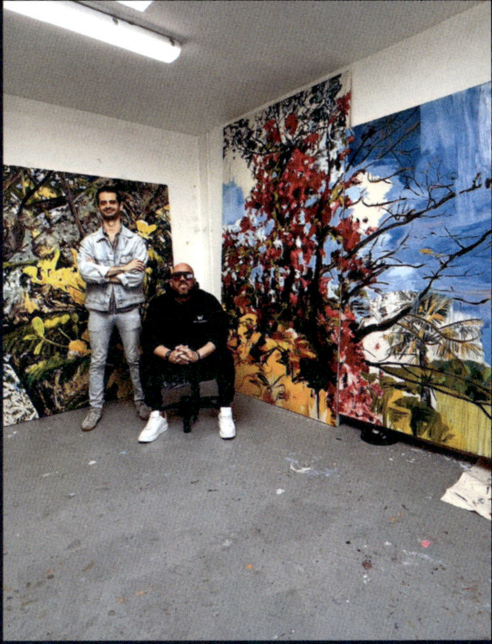

JUN MARTÍNEZ Y WALTER OTERO, EN EL ESTUDIO DEL ARTISTA EN LONDRES, 2024

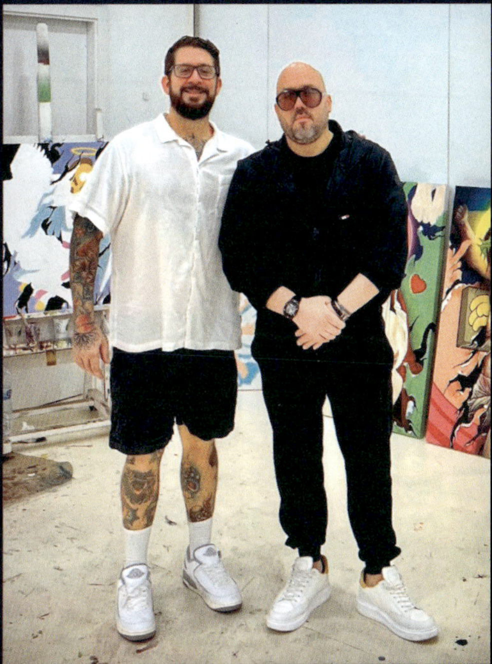

JUAN SALGADO Y WALTER OTERO EN SU RESIDENCIA EN OKUDA STUDIO, MADRID, 2024

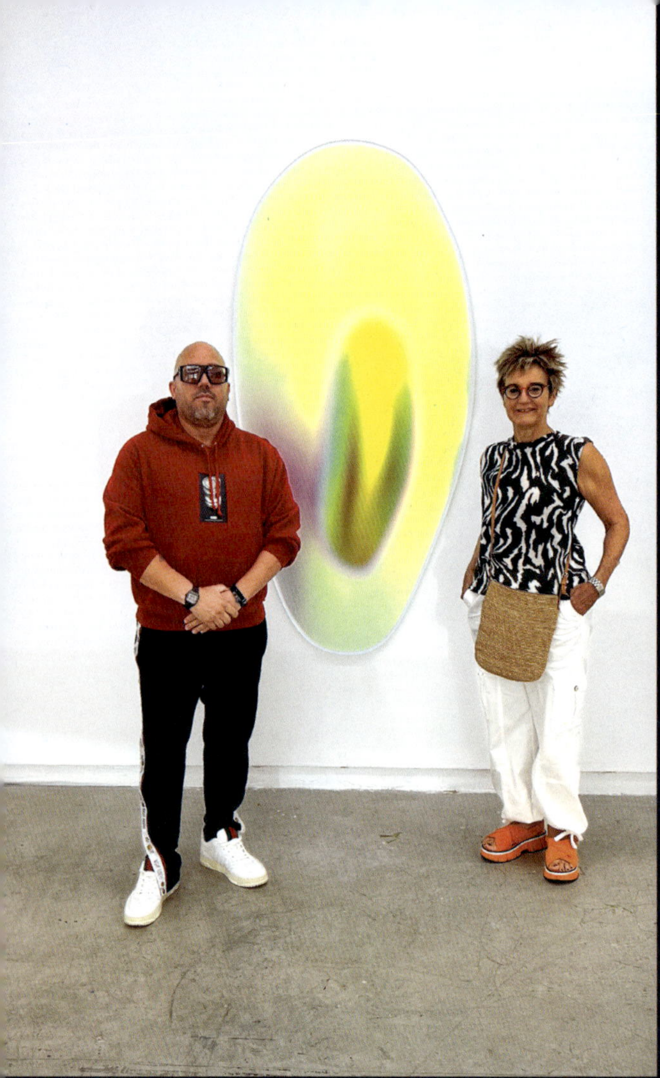

WALTER OTERO JUNTO A MARI CARMEN RAMÍREZ, LA CURADORA Y DIRECTORA DEL ICAA, FRENTE A UNA OBRA DE GISELA COLÓN, 2024

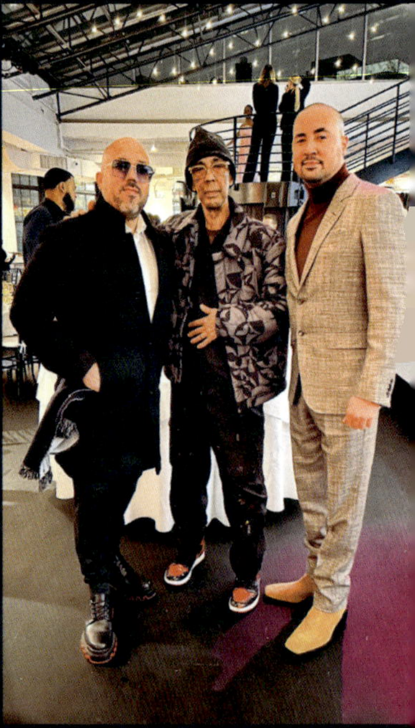

WALTER OTERO, FUTURA Y ÁNGEL OTERO, 2024

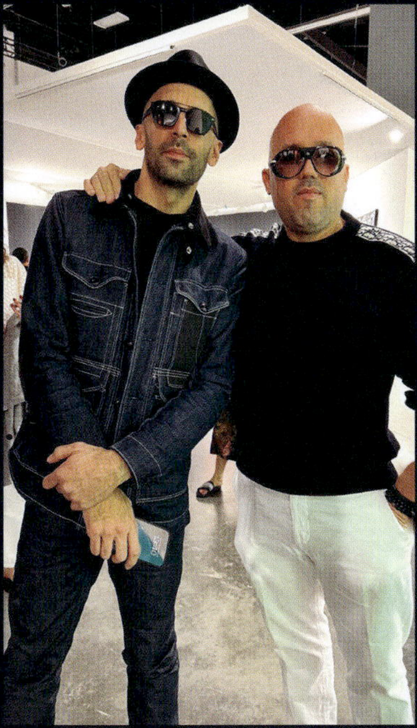

JR Y WALTER OTERO,
2024

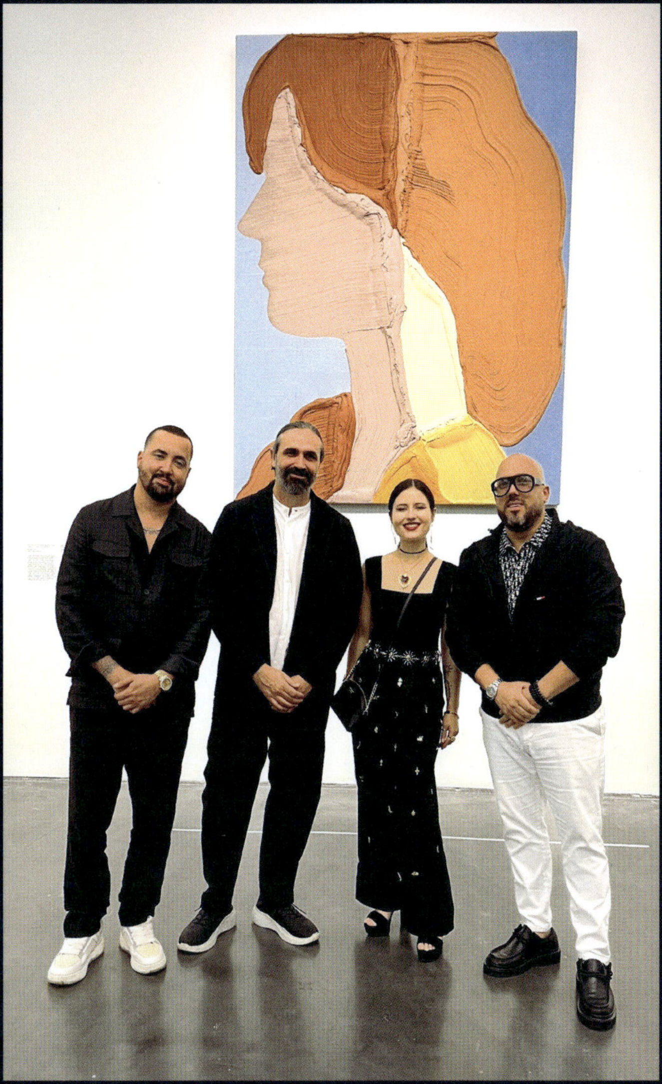

ÁNGEL OTERO, JOSÉ LERMA, ISABELLA
MELLADO Y WALTER OTERO EN MCA,
CHICAGO, 2023

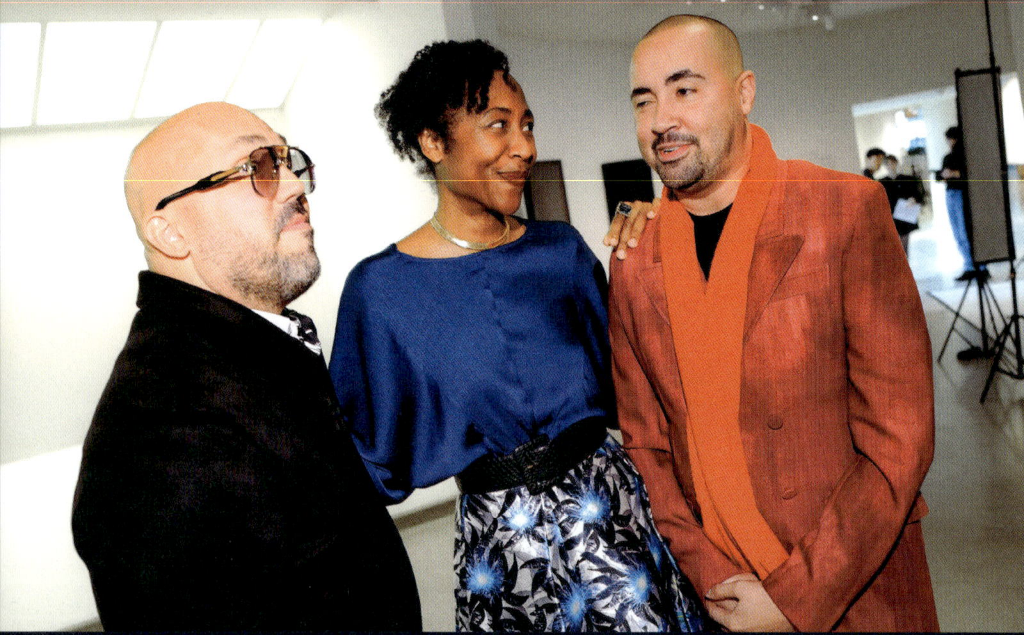

WALTER OTERO, NAOMI BECKWITH, NUEVA SUBDIRECTORA Y CURADORA JEFE DEL MUSEO GUGGENHEIM DE NUEVA YORK, Y ÁNGEL OTERO, 2025

ANA SOFÍA BATLLE JUNTO AL EQUIPO LATINOAMERICANO DE LA TATE MODERN EN UNA VISITA A SU EXPOSICIÓN EN WOCA, 2025

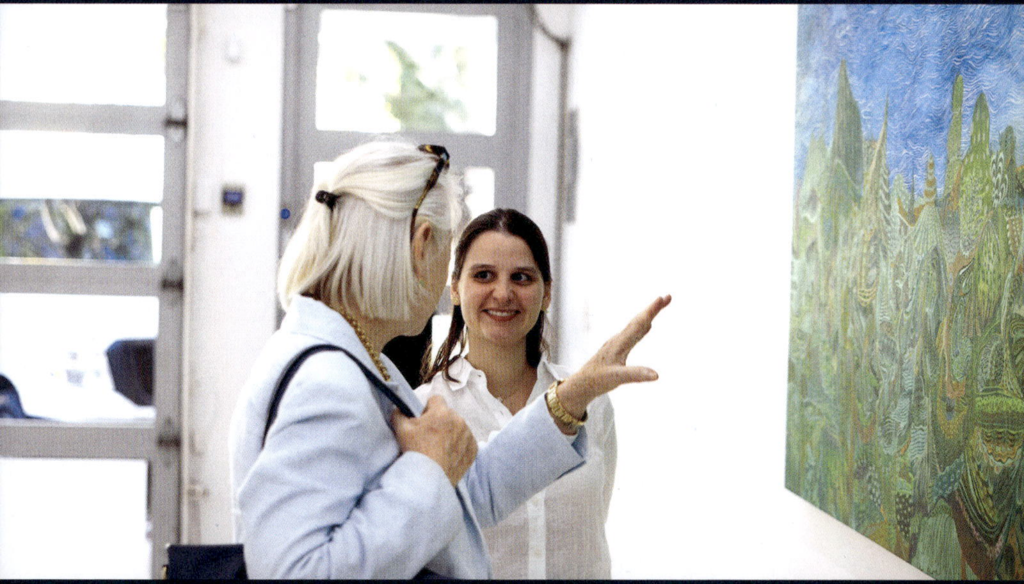

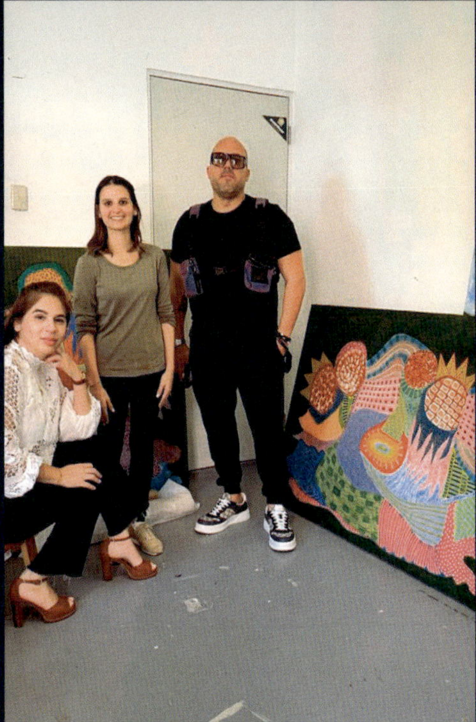

OLGA ALBA, ANA SOFÍA BATLLE
Y WALTER OTERO, 2020

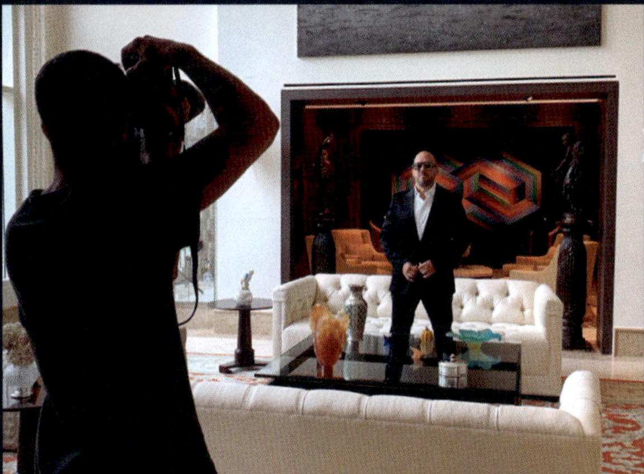

SESIÓN FOTOGRÁFICA PARA
LA REVISTA *VOGUE* 2020

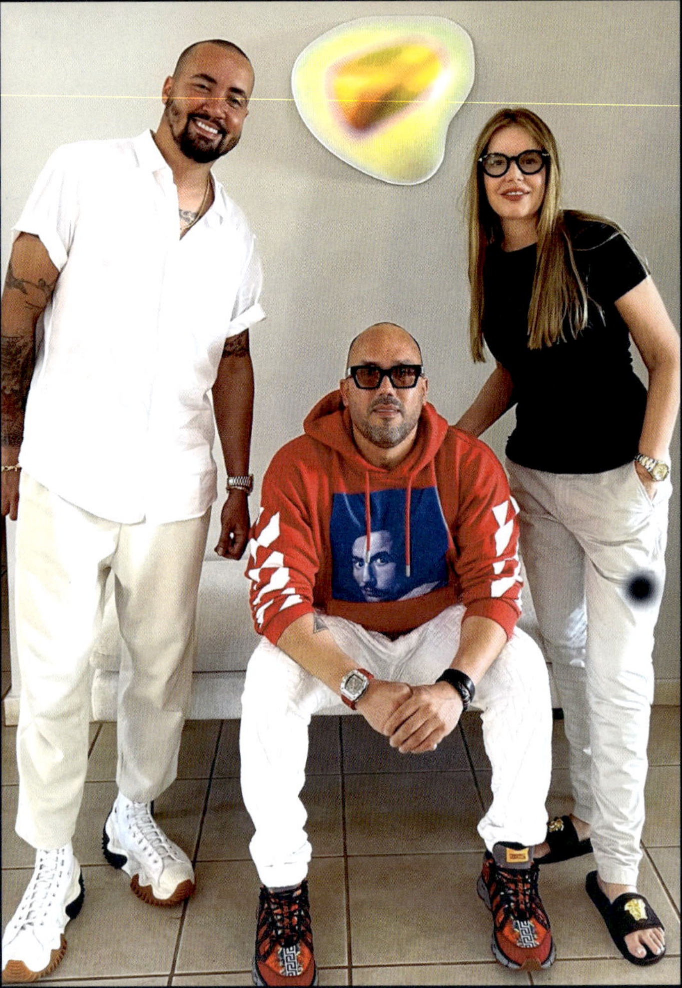

WALTER OTERO, GISELA COLÓN
Y ÁNGEL OTERO, 2021

WALTER OTERO JUNTO
A UNA OBRA DE
ÁNGEL OTERO, 2021

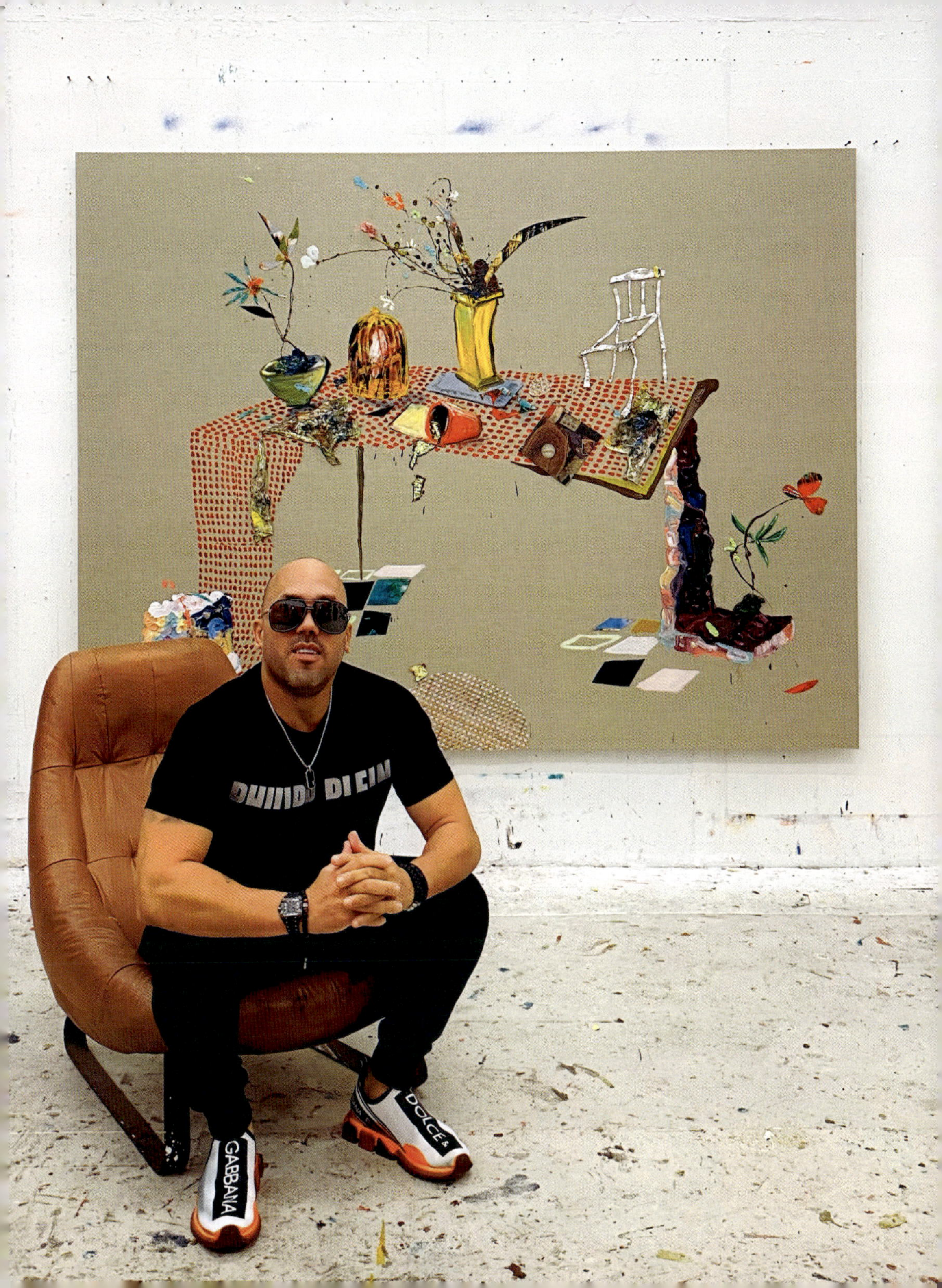
DOLCE&
GABBANA

Y...

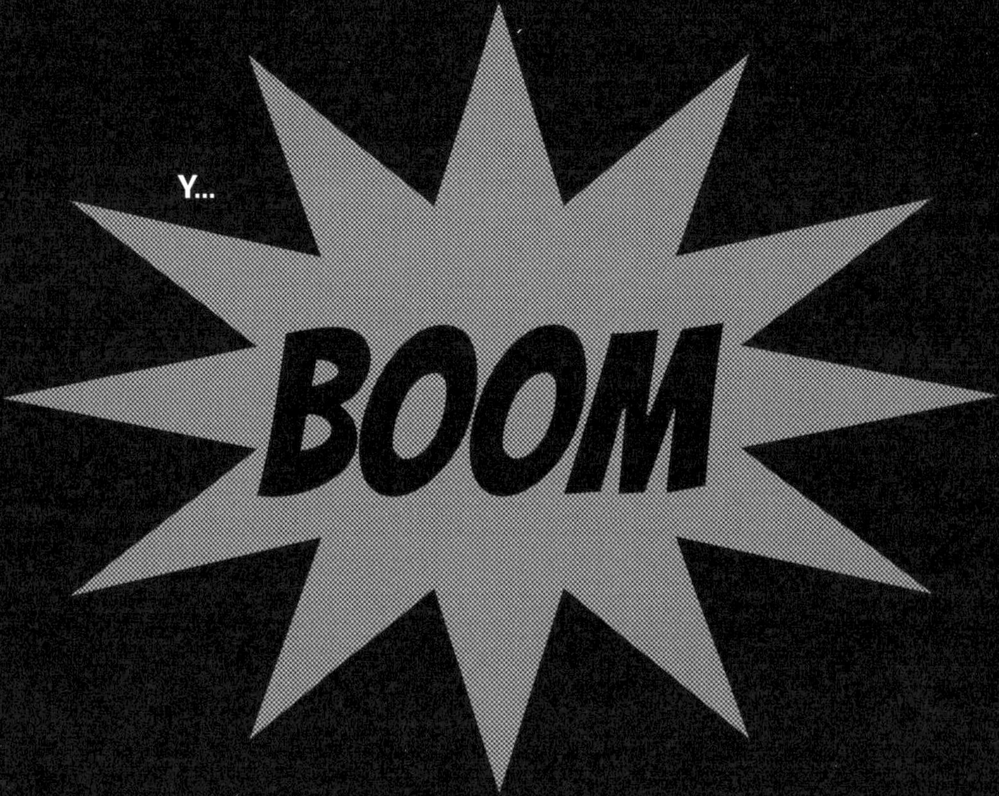